ＴＫ

ゆれる

KADOKAWA

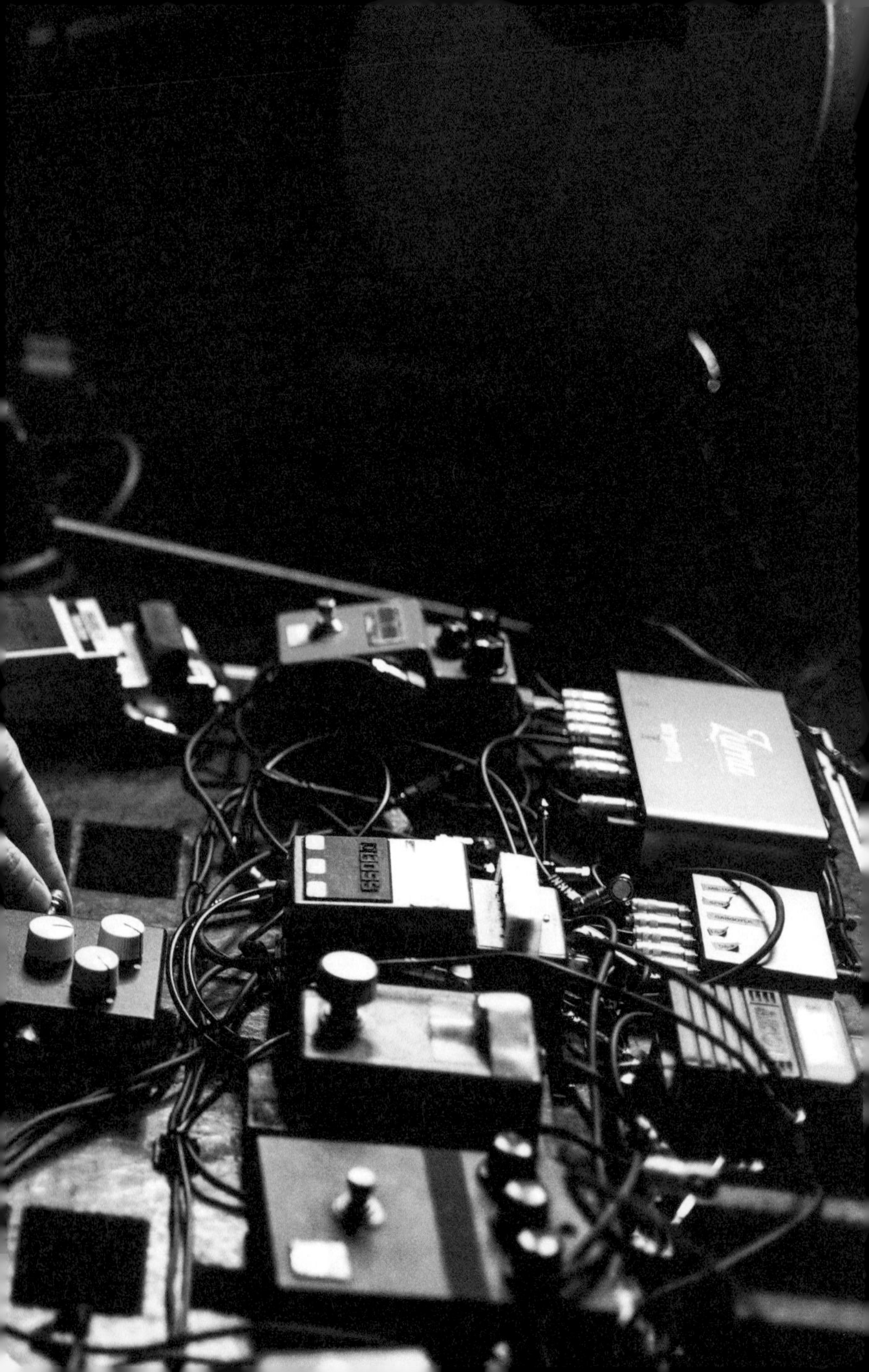

Taylor

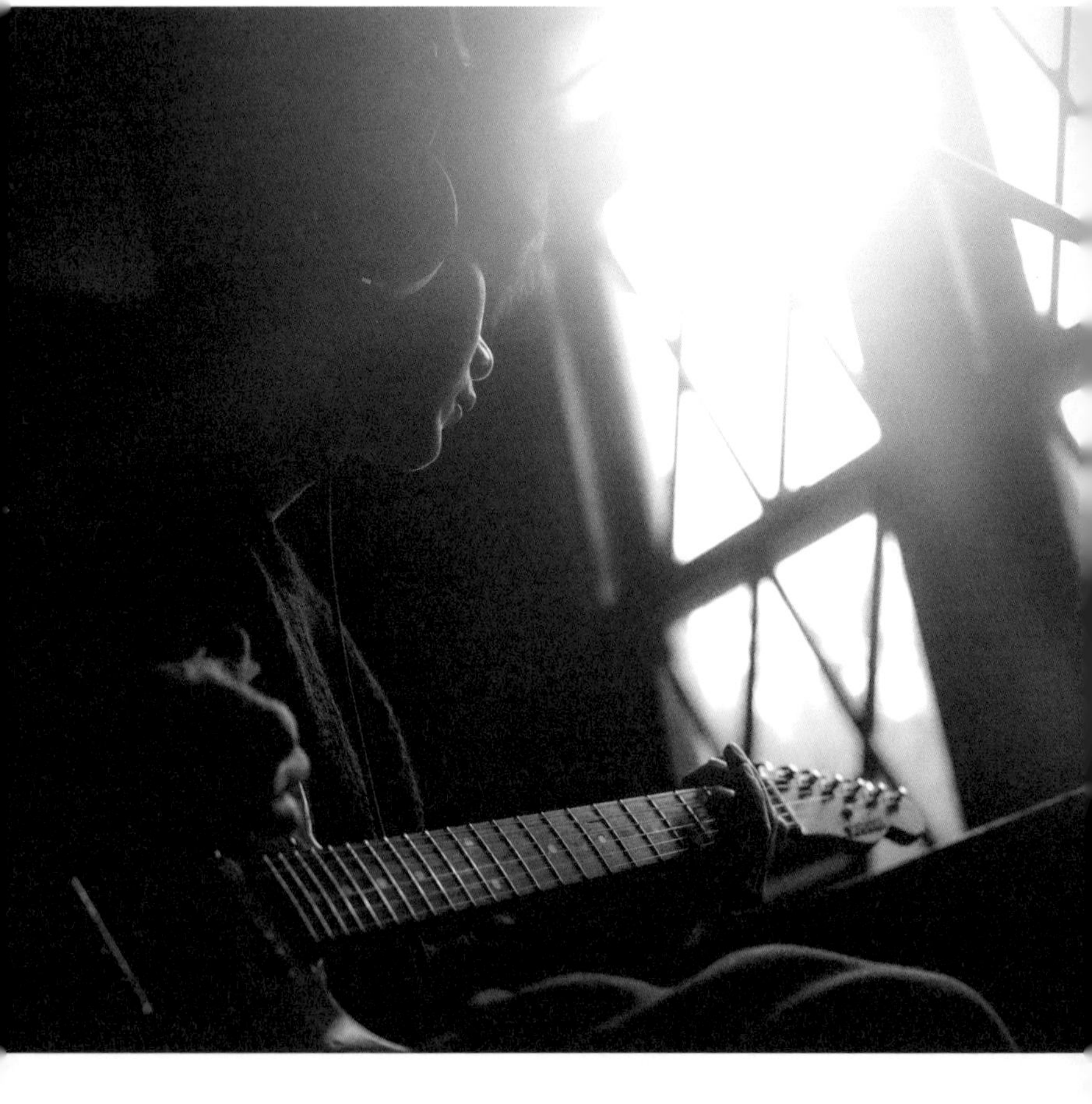

はじめに

「本を書いてみませんか?」

なぜか僕にKADOKAWAの編集者の方から連絡が来た。

僕はなかなか本が読めない。そもそも本に興味を持っていないだろうし、時間的にも難しいだろうと踏んでいたマネージャーは断ろうとしていた。そこにストップを掛けたのは僕自身だった。数多くの才能溢れるミュージシャンがいる中で、わざわざ僕に声を掛けた理由が知りたくなった。どこに本を書いて欲しい要素があるのかを。


僕はある意味でとても保守的な人生を送ってきた。争いごとも避けてきたような人生だ。大学に入り、親ががっかりしない程度の職に就く未来がぴったりな子どもだったはずだ。それがいつからか音楽にのめり込み、いや、音楽がめり込んで来て、大学卒業と共に音楽だけの道を歩み始めた。なんの実績も先立つものもない当時の僕は、母に大反対された。僕にはあのとき、一握りの人が歩める無謀な道にたどり着く確かなものが見えていたのか、見えていなかったのか。無謀か、いや有望であってほしい。母に聞けば、僕が小さい頃の記憶はおとなしすぎてないらしい(後述するが、おとなしすぎない姉の成分で相殺されている)。そんな僕は主人公になれるのだろうか。

本の打ち合わせに行くと、「ライターがTKさんを取材して、それを元に原稿の土台を作るという進め方はどうでしょうか?」、つまり、僕が0から書くのではなく、ライターさんがインタビューを元に本のたたき台を用意しますということだ。そんな書き方があるのにも驚いた。僕は過去に一度だけ本を書こうと、書き溜めていたことを思い出した。しかし、自分の中にあるものはすべてが普通に見えてしまうので、人に伝えられるものは音楽以外にないと放置したままだった。そうだ、僕から見える景色も思考も、すべてが平凡なんだ。足りないことはあっても、持っているものは誰とも違わないものだと錯覚してしまう。音楽だけではなんとかしがみついて出せる鮮やかさ、その他に滲み出るものがあるのかと。だからこそ、そこに第三者が介入してくれることによって、自分を俯瞰して見られるのではないかと期待した。それと同時に、僕が発する言葉だけを別の人が操ったとして、それが自分の本になるのだろうかと。どこか半信半疑のまま、期待を胸に身を委ねてみることにした。

「僕は騙されたのかもしれない……!」

長い取材を経て届いた初稿は、きれいに美しく僕の輪郭を模《かたど》った、甘い幻想を打ち砕くには充分のものだった。とても読みやすく、整頓されたそれはまさしくプロの文章だった。ふと、自身の音楽と重ね合わせる。僕はどれだけいびつな形でも、自分の中から生み出されたものが持つアイデンティティーを何より大切にしている。核にあるものは同じでも、ほんの少しのバランスで刺さるものにも、刺さらないものにもなってしまう。どこかで自分発信ではないもの、一緒に進めてくれる人がいることへの甘えに閃光が走った。自分のものではないものに触れたときにだけ現れる、拒絶に似たインスピレーション。視界がその瞬間、パッと開けた感覚だった。遅いけど。

インタビュー記事ですら自分の言葉がどう伝わるかを気にする僕が、書き下ろし以外の手法で本を作ることなんて、そもそもできるはずもなかった。僕は抽出してくれた部分をベースに、思い切ってすべての原稿を自ら書き下ろしていくことにした（書き直してごめんなさい）。出来上がるまでには長い時間を要したが、ライターさん、編集者の方と推敲しながら、見えなかった自分が浮き彫りになってくるのは刺激的だ。少しずつ「本」と「音楽」というものが頭の中でひとつになってきて、文章の中に自分を詰め込む作業に、だんだんと取り憑かれてくるように。いつか書きかけのままだった自分の続きを見つけることができたような気がした。

途中ですべてをひっくり返しても表現したいものを突き詰めてしまうのは、まるで自分の音楽人生そのもの。揺れにゆれました。

凛として時雨／ＴＫ（Toru Kitajima）

目次

第 1 章

衝動を越えて －Active－

＃0

２００２年。20歳になる前、言われるがままにトランクに付けた、オレンジ色に黒のラインが入ったバゲージタグに違和感を覚えながら、僕は成田空港にいた。社会勉強でもしてこいという母からのお達しで、姉がいるイギリスへと放り込まれることになったのだ。

人混みの中を自分の意志とは無関係のように進まされ、飛行機の狭いシートに腰かけた。早朝の気怠さと、準備の遅い僕にいらつく母が運転する車の中で無音の洪水に飲み込まれていた僕は、海外へ行くワクワク感なんてものを持ち合わせているはずがない。

昔よく一緒に遊んでいた姉との仲は疎遠になっていて、向こうに着いたらどう接していいかも分からない。

動きだした飛行機の中、僕は目をつむり、いつしか忘れてしまったその距離と温度感の復元を何度も試みる。12時間というフライトの時間をあんなにも短く感じたのは、あのときが最後だったかもしれない。空気を切り裂く重低音だけが、刻一刻と近付く何かへの焦りを和らげてくれた。

ヒースロー空港に着くと、情報があまりにも少ないオックスフォードへの行き方をメモした紙を見ながら、なんとか早く着いてやろうという謎の野心に駆られていた。当時は今ほど海外で自由に携帯電話やネットを使える時代ではなく、姉と手軽に連絡を取れる通信手段はない。手元にあるのは、事前に姉から聞いていたオックスフォード行きの高速バスの発車時間のメモだけだった。

相変わらず違和感のあるオレンジ色のバゲージタグのお陰で、レーンを流れる大量の荷物の中から、僕のトランクはすぐに見つかった。ずっしりとしたトランクは僕の心境を表しているようで、やっとのことでそれを拾い上げると、バス乗り場に向かって僕は重い足を進めた。空港内で聞こえてくる音のすべてが馴染みのないノイズのようで、到着ロビーへと下降するエレベーターのステンレスの冷たさも、僕を受け入れてくれていない気分だった。

到着ゲートにある寂しげなカフェ。慣れない僕は前に並ぶツーリストと同じイングリッシュティーを買った。僕は透明のお湯に浸かったティーバッグをお守りのように持ってバスに乗る。今思えば不思議なくらい、窓から見る初めての景色に刺激を感じていなかったように思う。

オックスフォードのシティセンターでバスを降りると、すぐに姉の姿を見つけた。雨に光る再会は不自然でいて、妙な安堵感だけはあった。戸惑う僕をよそに、昔と変わらないままの姉に大学の寮を案内され、狭い部屋で僕の静かな旅は始まった。

姉が大学に行っている間、僕は泊めてもらっていた寮を抜け出して街に出た。小高い丘の上にある寮から街まで降りるのは容易ではない。気まぐれに来るバスに乗り、30分ほど揺られる必要があった。

イギリスの地に降り立ってから、僕はずっと途方もない疎外感に見舞われていた。美しい街並みを歩いてみても、僕にとってはすべてがグレーに見える。少し文字の欠けた派手なネオンのついたハンバーガーショップも、数百年の時を経て丸みを帯びて輝く石畳も、熱すぎるロイヤルなミルクティーも。

自分は透明人間になって誰にも見えていないみたいに、その冷たい景色と街並みに溶け込めずにいた。イヤホンから流れる慣れ親しんだ音楽だけが、灰色の世界を明るく見せてくれた。
街は霧に包まれ、太陽もなかなか見ることができない。今思えば、あのときは特別にどんよりとしていたのだろう。16時にもなるともう暗くなっていた。街灯の柔らかな光に包まれたレンガの街は、昼とはまた違う顔を見せる。温かな色の光をもってしても、僕はこの地に温もりを感じることはできずにいた。

幾日かが過ぎると、姉との距離はそうなることが当たり前だったように、次第に縮まっていった。姉は特別僕をもてなすわけでもなく、すべてが乾いて見える街を2人で目的もなく散策した。寮に戻ると海外の行きすぎたドッキリ番組を見たり、宇多田ヒカルさんのライブビデオ『UNPLUGGED』を見たりして過ごす。窓の外は夕暮れを感じさせる間もなく真っ暗になる。なんでもない時間だけが過ぎていった。

見たい景色も、欲しいものも、知っていることもないまま訪れた初めてのイギリスの旅は、2週間ほどで終わりを迎えた。数泊の家族旅行しか行ったことのない僕にとって、目的もなく、見るものやなすことにたいして興味も抱かないまま2週間も滞在していたのは、かなり退屈だった。もちろん、向こうを発つときに「もっとここにいたい」という思いもなかった。

日本に戻ってからの数日間、僕はときどきイギリスでの日々を思い返していた。太陽がどこかに行ってしまった灰色の街。オレンジ色の街灯。夕刻に紫色に変わっていく空――。妙な違和感が僕を襲う。

「あの景色にもう一度戻りたい」

向こうでやりたいことがあるわけではない。行きたい理由も特にない。でも、イギリスの空気を強く欲している僕がいた。それはボクシングでいうところの、真正面から繰り出されるパンチに失神したのではなく、少しずつ三半規管を揺さぶられて、気付いたら平衡感覚を失っているような状態だった。

おそらく、僕は初めて見た空気と灰色の世界に〝違和感の恋〟をしていた。

自分が欲しいと思っていないところから得られる体験が、衝撃になるのだと知った。ヒースロー空港に着いて感動したわけでもない。憧れていたヨーロッパの景色にやっと出会えたという印象もない。脳の意識の隅っこに、いつの間にか植え付けられた小さな何かが、とてつもなく僕を支配する。

この感覚と出会えたことが、僕の音楽にとってなくてはならないものになるとは。

旅の最後に姉と行った、レディングのタイ料理店でもらったフォーチュンクッキー。その中に入っていた「You will be famous.」という謎のメッセージの紙を、上機嫌で持って帰国した僕はまだ知るはずもない。

永遠に焦がれる「見たことのない景色」を追い求めてしまう僕の性は、きっとこの静かな衝撃のせいだ。

君がいない

僕は「歌うことが好き」という感覚がよく分からない。それと相反して、青春時代に歌った記憶は少なくない。あの頃の僕は、何を思い、なんのために歌っていたのか。

両親はJ-POPが好きで、家族で出かけるときの車中では、往年のフォークからサザンオールスターズ、山下達郎さんなどの曲がカセットデッキから流れていた。紛れもなくそんな両親の影響を受け、僕もJ-POPが好きになっていた。

小学生時代、僕たち家族は、なぜか毎週のようにカラオケに行っていた。言いだしっぺは父親だっただろうか。幹線道路沿いで一際目立つカラオケ店に家族で向かっている車中、父親は既にサザンを口ずさんでいた。

派手な柄の壁紙に囲まれた小さな部屋の中で、僕はサザンの「逢いたくなった時に君はここにいない」や、山下達郎さんの「クリスマス・イブ」をたびたび歌った。父親は僕の歌を邪魔しないよう小さな歌声で旋律に乗り、時にマイクを持ち一緒に歌った。母親と姉は歌本をペラペラとめくりながら、宝探しをするように歌うべき一曲を選んでいた。家族4人でマイクの奪い合いでもしていたはずはないのだけど、なぜだか僕たちはいつも、入店時に伝えた2時間を延長する羽目になっていた。

中学生の頃には、猿岩石の「白い雲のように」を歌い、カセットテープに多重録音したこともある。そして僕はどういうつもりか、姉にそれを聴かせた。

なぜ猿岩石をピックアップしたのか、どうして姉に聴かせたのか、すべてが謎だらけ。だけど、その理由を覚えていない割に、そのとき録音した昼下がりのことをよく思い出す。なぜか部屋の一部が繋がっていた僕と姉の部屋で、その通路を塞ぐように置いてある本棚に置いたコンポに、カラオケ用の安いマイクを繋げて歌った。

重ねることが楽しかったのか、歌うことへの興味を持っていたのかは分からないが、「歌」は息をするように自然な行為として、徐々に僕の体に組み込まれていった。

カセットからカセットへとダビングをして、自分の声でコーラスを重ねる快感をうっすらと感じた。「ああ、いいんじゃない？」という、姉の素っ気ない感想が気にならないほどの妙な満足感を得たことをよく覚えている。マイクでの録音もダビングも難なくこなすaiwaのコンポは、相棒として無敵だった。

あるとき、母親から親戚の結婚式で歌を披露してほしいと頼まれた。

ここまでで、僕はだいぶ歌うことが好きなように見えていたかもしれないが、家族以外の誰かの前で歌うことには抵抗を感じていた。友達とカラオケに行ったことなど人生で数えるほどしかないし（中学のときに友達がMetallicaの「Battery」を歌うのに付き合った記憶だけがある）、音楽の授業では、クラスみんなの前で歌う人を選考するテストで、必要以上に下手に歌って選ばれないようにしたこともある。取り立てて上手いわけでもない僕は、余程人前で歌いたくないという意識が強く働いていたようにも思う。

そんな僕が母親の依頼に素直に従ったとは思えないが、いずれにせよ、米米CLUBの「君がいるだけで」を歌うことに決まり、僕は練習を始めた。部屋でカセットテープを聴きながら、歌詞を暗記するまで歌い続ける。家族と行ったカラオケでも幾度となく何度も歌った。

しかし結婚式当日、式場には「君がいるだけで」のカラオケ音源がなかった。今のように通信カラオケもそれほど普及していなかったあの頃。「ちょっと待ってくれ、さすがにそれは確認しておいてくれよ」と子どもながらに思ったのは覚えている。

「他の曲でもいいじゃない」

母親はそう言ったが、僕は拒んだ。なんでも歌えるわけでもないからこそ、しっかりと準備したものを出したいという気持ちは、あの頃からあったのだろう。

「練習していない曲を歌えない」

結局、僕が幸せの真っただ中にいる2人に、祝いの歌を届けることはできなかった。

そして当の僕は、大きな喪失感に包まれていた。

「君がいるだけで？　曲目リストに君はいなかった……」

心の中では、サザンの「逢いたくなった時に君はここにいない」を歌いたい気持ちだった。


僕にとって「歌うこと」とは。

正直なところ、今に至るまで考えたことがないし、分かったこともない。ギターは好きで始めたけれど、まさか将来、自分がそのギターと共にボーカルをやるなんてことは思ってもいなかった。

好きなものと、それを人に聴かせるという切っても切れない関係が、僕の中で音を立てて形成されていく。

遥か昔、学生の頃に付き合っていた女の子が、僕のために作ってくれた料理を、彼女自らゴミ箱に捨て、「ファミレスに行こう！」と言いだしたことがあった。一瞬何があったのか分からなかったが、対象の誰かができることによって、それは大小関わらず「作品」になってしまうのかもしれない。今となっては、中途半端なものを捨ててしまう、その気持ちがよく分かる。

どこかの瞬間で、僕もそのスイッチがＯＮになってしまっている。一人だったら楽しく歌えていた歌も、そこに聴かせる誰かが存在してしまうと、聴かせるべき歌かどうかという『ドラゴンボール』のスカウターみたいなものが発動してしまう。

自分の中にいつしかできたボーダーラインが、人に提供することを拒む。それは、僕の音楽人生においてとても大きな壁を作っているけれど、その思考があるからこそ今の音楽が生み出される愛すべき厄介なものだ。誰にも共感されないこともあるし、痛いほど分かってくれる人もいるが、大方「ややこしい人だ」で済まされる。創作における理想への道は孤独だ。

あの日、結婚式で歌えなかったことに対する虚しさが、いまだに僕の心に刻まれている。まだ幼い自分の中に生まれた「届けない」という選択肢が、誰よりも「届けたい」と強く願う僕の音楽に、今なお鋭利でいびつな光を与えてくれていると信じている。

感電

乾いた風が色めいた木々を揺らす中、少し肌寒さを感じる体育館に、僕たちは集められていた。妙な艶感のある床の上、硬質な響きに包み込まれる苦手な場所だ。

その日、僕の中学校では文化祭が催されていた。いや、正確にはあれが文化祭だったのか、生徒会長が演奏するというプログラムが組み込まれた謎の催しだったのか、記憶が曖昧な一日。普段は校長先生が真面目な話をする壇上で、生徒会長を擁するバンドが演奏を始めると、空気を切り裂くキーンとした音——今までに聞いたことのないエレクトリックな騒音が、体育館中に発せられていた。

演奏されていたのは校歌だった。校歌が好きだとか嫌いだとか言う人がほとんどいないように、音楽自体にはなんの感情も抱かなかったが、僕はエレキギターから生まれる音に耳を奪われた。まだ、アコースティックギターすらろくに弾いたことのない頃、初めて耳にしたエレキギターの音は、僕の心に「憧れ」とはまた違う「違和感」を残した。空気が震えて鼓膜を振動させるあの経験は、テープやCDでどれだけ聞いているディストーションよりもひずんで聞こえた。

通っている中学校の体育館で演奏されたライブに何かしらの衝撃を受けるなんて、どこにでもある話。僕にはそんな瞬間がたくさんある。

凛として時雨のように、一聴して難しく聞こえる音楽をやっているからか、あまり普通なものには何も感じないと思われているかもしれないが、この身近なものや大衆的なものに心を奪われる瞬間を、僕は今でも大事にしている。自分がその中で音楽に出会えて感動したあの感覚を、どれだけの経験を経ても大事にしている。クリエイティブにおいて、唯一無二であることも大切だけど、その先に、聴いてくれる人たちが「僕の音楽と出会ったあの日、あの瞬間の、自分がいたときを振り返ってくれるのかどうか」をいつも考えている。

クラスに戻った僕たちは、先輩たちが校歌の後に何度も奥田民生さんの「イージュー★ライダー」を演奏していたことと、途中から「イージュー」と呼びだした話題で持ち切りになっていた。なんでもないことが笑い話になるあの頃、僕の中には誰にも見えない革命が余韻を残していた。

支配の失敗

凛として時雨が現在の編成になったのは2004年、僕が大学4年のときだった。その頃、まわりの多くは就職や資格取得など、具体的な将来の目標に目を向けていたはずだけど、僕はバンド活動とバイトにほとんどの時間を費やしていた。1、2年で可能な限りの単位をすべて取り終えていた僕は、3、4年は最低限必要な講義を除き、あまり大学に行っていなかった。3年から変わる校舎での思い出も、1、2年生のそれと比べてかなり薄い。だんだんと僕の中の未来に対するスピードと、友達の中のそれは噛み合わなくなっていき、就職を選択しないことを羨ましがられてすらいた。

大学3年を終える頃には、頻繁に母から就職に関する連絡が来るようになった。今思えばはぐらかしているつもりの僕の返答も、きっと一切の余白なく就職活動をしないことは明白だったんだろう。何度も何度も「音楽なんかで食べていけるわけないんだから、考え直しなさい」という連絡が来た。母は昔から厳しく、そのときばかりはピアノを習わせたことと、家にアコースティックギターを置いていた父のことを恨んだだろう。

大学入学と共に、僕は埼玉で一人暮らしをしていた。新築ということで決めたその物件は、とにかく揺れて、揺れる。壁は薄く、定期的に隣の部屋から、「ファッションショーがしたい」と全身鏡を借りに学生が現れる謎の物件だった。

実家を離れてそこに住むようになってからは、大学生活や音楽活動について、両親にそれほど話したことはなかった。一緒に暮らしていれば、雰囲気で悟ることもできたかもしれないけど、破天荒だった姉と違い、それまであまり親に「ＮＯ」を言ってこなかった僕が告げた言葉は、母にとっては寝耳に水だったと思う。

「音楽だけを続ける。就職活動はしない」

無論、母は反対した。僕には安泰な職業に就くか、公務員になってほしいと願っているのは知っていたから、当然の答えだった。「子どもには、きちんと就職して堅実な道を歩んでほしい」という親心だということは、冷静に考えれば理解できるが、「音楽は趣味で続ければいいじゃない」と、頭ごなしに否定されるのは釈然としなかった。あのとき、僕の中で燃えていたエネルギーの源はなんだったのだろうか。

一方で、父は寛容だった。自身も若かりし頃にフォークをかじり、おそらく歌い手を目指していた時期があったんだと思う。そんな父が、「きっとどうにかなるだろうし、どうにかならなければそのとき考えればいいじゃないか」というスタンスだったことが、僕にとっては救いだった。

「どうやって食べていくのか？　将来どうなりたいのか？」

母からそう問われても、このときの僕が、音楽活動に対して何か目標や夢を持っていたかと言えばそんなことはなく（今だってそれほど変わっていないのだけど）、まだまったく地に足がついてない状態のまま、好きな音楽を職業としてやっていくことはどういうことなのかを悩んでいた。

「好きなことや趣味を仕事にするのは良くない」

母はそうも言った。誰もが耳にする話だろう。大変さが身に染みている芸能人の方が、「子どもに芸能界を目指してほしくない」と言っているのも聞いたことがある。

そうは言っても、僕自身、好きなことを職業にしたらどうなるのかは未知だった。

音楽を職にする難しさは置いておくとしても、自分にも好きなものを職業にする危うさは容易に想像できた。

ただ、どれだけのイメージをし尽くしても、音楽以外の何かを目指す自分の人生は見えなかったのを覚えている。どんな職にたどり着いても僕は、何かの壁に直面し、打ちのめされる瞬間に出会うだろう。だとすれば、自分自身を極限まで追い込むものがあったとしたら、それは自分がすべてを捧げられるものにしたいと強く願った。ここから鳴り続けるであろう音楽の未来を、まだ触れたことのない自らの鮮やかさを、つかみ取りにいかないという選択肢はなかった。何からも打ちのめされないさざ波のような人生を送ってきた僕が、自分自身が創り出すものにすべてを賭けることができたのは、何かが見えていたからか、見えていなかったからか。あのとき、僕は全脳内を音楽に懸ける覚悟を決めた。


「音楽だけに没頭したい」と夢みたいな夢を聞かされた母は、姉の言うことなら聞くかもしれないと、姉を僕のもとに差し向けた。

ドライな雇われスパイの姉は、「一応伝えてと言われたから言うけど」という、依頼人の意図を無視した前置きを経て母の願いを語りだしたが、姉自身、僕の将来に興味があるはずがない。なんだったら付属の大学を蹴ってまで行った大学を中退して、英語も喋れないのに突然イギリスに留学しに行ったファンキーな素質の持ち主（その後、英語を習得して現地の大学に入ったのは本当にすごいと思っている）は、むしろ〝僕側〟じゃないか。

思いの乗らないスパイの言葉が僕の心を揺さぶることはなく、そんな姉に対して僕は、たいした確証も持たないまま、「失敗する気がしないんだ」と生意気な一言を口走っていたらしい。ほとんど記憶に残らない弟の言動の中で、唯一覚えているのがこれだったらしいから、僕という存在からは相当かけ離れた思考が宿っていたのかもしれない。反抗期でもなんでもない、反対側から見たら純粋な思考はいつだって「反抗」のレッテルを貼られてしまうんだろう。

姉の前でとんでもない宣言をした頃の僕は、街中でふと流れる音楽を聴いて、「自分だったら、このメロディーの先をもっといいものにできるかもしれない」と、妙なことを考えていた。神様はあの頃の僕にアクセルを踏ませるため、「過信」というものをプレゼントしてくれていたのかもしれない。まだ「0」にもなっていない僕の人生を変えてしまう、とても怖ろしい贈り物を。

神様、ときどきでいいので、あのときの過信をまた貸してくれないでしょうか。

あの頃の自分よ、僕はまだ成功にも失敗にもたどり着いていない。
頭の片隅では、まだあの〝メロディーの続き〟を探し続けている。

結成

凛として時雨のベース&ボーカルである345《みよこ》とは、大学1年の頃に、好きなガールズバンド、GO!GO!7188のコピーバンドのメンバーとして出会った。

まわりに音楽仲間がいなかった僕は、誰かと音楽がやりたくて一緒に音を出せる人を無性に求めていた。誰のコピーをしてどうなりたいとか、その先にあるものよりも、「自分の手の先から何かを発してみたい」という純粋な欲求だったと思う。確か、345の友達とお互いに自己紹介をしたり、過去にやっていた音源などを持ち寄ったりして、そのコピーバンドは結成されたはずだ。

僕はあまり記憶にないけれど、そのとき僕はそれほどコピー音源がなかったからか、高校時代に歌の上手い友達とコピーしていたB'zの「calling」のMDを渡していて、それが彼女からすると衝撃だったらしい。高校生のデモにしては上出来だったのか、

「GO!GO!7188のコピーをやりたい人」という名目で集まる予定なのに、B'zの音源を送ってくるヤバさが衝撃だったのかは定かではないけれど。

GO!GO!7188のライブ後だっただろうか。初めての顔合わせをした。メンバーは女性3人だったが、姉のいる僕は男が一人という環境になんの違和感もなく、好きな音楽ややってみたい音楽の話をした。社交的で友達の多そうなベースの子の親友として、口数の少ないギター&ボーカルの女の子が横にいた。僕の脳内にあるバンドをやっている人物像からはあまりにかけ離れている、おとなしく地味に見えたその子が345だった。初対面で抱いた「控えめで人に寄り添うタイプ」という345の印象は今もそんなに変わらないが、根底にはぶれない芯の強さを持っている人だと直感した。

僕がギター、345がギター&ボーカル、345の友達の女の子がベース、そしてドラムは先輩のパワフルな男性を経て、ベースの子の友達の女の子が正式に加入した。そのバンドは、女性ボーカルのバンドのコピーやオリジナル曲でのライブをこなしながら、2年近く活動したが、ドラムの子は既に就職をしていて、短大に通っていたベースの子の卒業と共に解散することになった。バンドを続けることができないと僕らに伝えたときの彼女たちの申し訳なさそうな顔と空気は、なんとなく今も覚えている。

きっと、バンドでなくても、異なる時間軸の中で共存する先に必ず現れるあの瞬間の儚さ。止めることもなく、尊重し、誰がどう見ても仕方ない分岐点に立たされたときに感じる無力感。自分の中に流れている時間が、当たり前に他の誰かと同じように流れていると錯覚してしまう。一秒間の概念はきっと人によって違っていて、どこかでちょっとずつずれていったんだろう。ただ笑い合って音と戯れていた時間がふと消えて、突然取り残されてしまったような気持ちだった。

「もう少し音楽を続けたいね」

人生を決定づける瞬間は、あまりにも自然に、淀みなく湧き出るものなのか。大学生活をあと2年残していた僕と345の意見は一致したものの、僕たちは新たなメンバーを探す必要があった。あの頃はドラムを探すのがとても大変で、ましてや僕のまわりにはあまり音楽仲間もいなかった。追加メンバーを2人も探す労力を思うと気が進まず、345がベースに転向し「あと一人、ドラムがいればいい」という状態にして、ドラムを探すという結論に至った。

「ギターが弾けるなら、弦が2本減るだけだからきっとベースも弾けるよ」

ベーシストが聞いたら怒るような横暴な僕の提案にも、345は苦言ひとつ呈せず、素直に引き受けた。自分の楽器を変更してもかまわないほどに、追加メンバーを探すのが億劫だったのかと思うと少しおかしい。

345はああ見えて、僕より思い切った決断をすることがある。「2本減る代わりに弦が太くなるじゃん！」と言わない辺りが、まさしく345という感じだ。本当は思っていたとしてもおかしくない。あのときはごめん。

同時に、ツインボーカルといえど、僕がメインボーカルをやることになってしまった。家族とカラオケで歌っていた小学校の頃から遠ざかっていたもの――〝歌〟にあえて触れようとしたのは、自分の声が自分の紡ぐ音楽にとって必要だと、どこかで感じていた上での覚悟だったのかもしれない。

結成当時の話はこれまで数多くのインタビューでもしてきたけど、メンバーを探すのが大変だったという話と、自分がボーカルをやる理由がどうも結びつかない。345がベースを担当してスリーピースにするまではいいとして、まさか歌いたかったのか、あのときの僕は。自分の歌すらも見つけていない2人がツインボーカルという形を取ったのは今思えば奇妙で、奇跡的だ。

345と2人で続けることが決まった頃、僕は「鮮やかな殺人」という曲を作っていた。僕はその曲に覚えたてのMIDI音源でドラムの音を打ち込んだ。先に自分のやりたいことを音源にして、「このドラムを叩いてくれる人」という形で募集した。

「どのバンドが好き」というのは、コピーバンドやオリジナルバンドを作るときの礎になるが、どのバンドにもそれぞれ表情や時間の制限がある。そんな中で、会ってから楽曲を作って、お互いの好みを擦り合わせる時間を取っ払いたかった。きっと、自分の中にあるインスピレーションに対して、焦っていたのかもしれない。

特に期限は決めていなかったが、あと2年もしたら訪れる卒業に対しての意識は少なからずあったはずだ。自分が作った音楽でどこまでいけるのか。そのささやかな興味と共に作り出した「鮮やかな殺人」が、どうやって生まれたのかをまったく覚えていない。ただ、誰かのコピーをしながら、お互いの音楽の価値観を合わせていきながら、オリジナル曲を作っていくには時間が短いことを、その前身バンドで痛いほど感じていた。僕は僕の奏でたいものを作る。そして、そこに何かを感じてくれる人が入ってくれるのが理想だった。

それほど意見を主張するタイプでもなく、あまりクラスで目立たない存在――そういう面では似ている僕と345が、それぞれ違う大学に通いながらも、残された2年という貴重な学生生活の中で、「音楽をやりたい」という純粋で妙に強い信念を持って引き寄せられたバンド。僕たちと共に、同じ方向を向いて歩みを進められるドラマーが現れるのを信じて、連絡が来るのを待った。

ほどなく、僕の曲を叩きたいと言ってくれるドラマーが現れた。スリーピースバンドになった僕たちは、バンド名を「凛として時雨」に決めた。最初に書いた「鮮やかな殺人」「TK in the 夕景」は、どちらも劇的な展開をする楽曲で、その複雑でテクニカルに聴こえる構成に、「プログレを聴いて育ったの？」とよく言われるほどだった。プログレというジャンルを聴いたことなかった僕だったが、突然降って止む雨のように、そしてどこか冷たいあの音の質感をバンド名に込めた。僕たちは何度もリハーサルを重ね、スタジオ近くの「ガスト」に入り浸って、夜中までよくミーティングをしていた。

オリジナル曲も少しずつ増えてきた頃、偶然目に留まった「池袋手刀《チョップ》」という新しいライブハウスにデモテープを持って行った。２００２年、僕たちの結成のすぐ後にできた池袋北口にあるライブハウスだ。普段だったら近寄らないエリアだが、面白い名前だし、「新しいならきれいそう」という理由だけで選んだ。

イメージしていた通り、小さなマンションの一室に並んだテーブル、タトゥーの入ったドレッドのスタッフの方が、物静かに僕たちのテープを受け取り、その場で聴いてくれた。最初に作ったデモの打ち込みとは程遠い、再現できているかどうかも分からないいびつな演奏だ。音が流れているはずの事務所内に静寂を感じていたのを、今でも強く覚えている。「今もしかしたらここは無音なのか」と思うくらい、僕たちのデモは誰にも聞こえていないようだった。

ドレッドのお兄さんは、聴き終わると「僕、面白いと思います」と淡々と言った。「面白い」という言葉の温度感が、そこにはあまり感じられないほどドライに。見かけによらず優しい言葉をかけてくれたように思ったが、数年経ってからその頃のことを聞くと、本当に何かの可能性の欠片を感じてくれていたみたいだった。その後、そのドレッドのお兄さんこと堀井さんは、各地方のライブハウスに電話をして僕たちのブッキングをし、ライブハウスで働きながら僕たちと共に幾度のツアーを回ってくれた。ちなみに各地のライブハウスでやたらと見かける凛として時雨のステッカーは、ほとんど堀井さんが貼ったものだ。おかげで当時、「ステッカー見ました！」とよく言われた。「スクール水着３４５」という謎のステッカーを作ったのもこの人だ。

詳しくは後述するが、僕が突然自分のメロディーラインを１オクターブ上げたことによって、今の切り裂く高音のボーカルスタイルが確立された。だけど、実際その過程では裏返ることの連続で、果たしてそれが音楽的に成立しているのかどうかすらもまだ分からない状態だった。何度もスタジオに通い、録音をして自分のイメージにどの程度近付けたかを確認する。いろいろなものが変わったとしても、出した音に対して、それが求めているものかどうかをシビアにジャッジする癖は今も変わらない。ほんの少しだけでも理想に近付けたときは心が震えるし、そうじゃないときは、何がそうさせているのかを脳がすり減るほど繰り返して考える。狭いリハーサルスタジオの上に吊るされている2本のマイクが、横に置かれたミキサーという機械に繋がれ、僕たちの練習の音がテープやMDに録音される。空間に鳴っている音が収音されたその曖昧な音源だけが、あのときの自分たちを測るたったひとつのバロメーターだった。

僕たちが最初にイメージをして、音と共に創り上げた凛として時雨になるまでのスピードは、繰り返し行った練習量に比べると、とても遅く感じていた。僕にしては妙に明確にスタートラインが見えていたからこそ、学生である自分の期限に対し、焦燥感に苛まれていた。誰の演奏が軸になるわけでもなく、最初に作った楽曲のデモの足元に這いつくばるので精一杯だった。

時間的なものだけではなく、歌うこととギターを弾くことが、同時に脳内で処理されることへの戸惑いもあった。意識では同時に処理をしようともがくが、手元も、足元も、口元も、すべてがオーバーフロー寸前だった。焦りや綻びを生み出しているのが自分自身だと確信していたからこそ、僕がギターボーカルとして〝1/3〟になれるまでの時間は恐ろしく長く、コンプレックスを簡単に裏返すこともできない中でもがき続けていた。

3人とも限界を超えているはずなのに、理想へはまったく近付いていないような感覚が、ひたすら繰り返されていた。

バイト、学校、練習スタジオが目まぐるしく交錯する中、「池袋手刀」での初ライブを経て、そこからさまざまなライブハウスに出演するようになっていった。ライブを重ねていく中で、3人の音に対する欲求は、よりリアルなものになっていく。重力に従っていたのか、逆らっていたのかすら分からないほど充実し、喪失し、無心に自分が作り上げた理想像を追いかけていた。少し階段を登っては、その場所から見える3人の景色を確認しながら、上へ、もっとその上へと目指していく。

あのときの貪欲さは異常だっただろうか。結成から一年が経った頃にようやく〝0〟から〝1〟になりかけていた僕たちは、明らかにそこから停滞していく。まっさらな紙がスーッと水を吸収していき、いつの間にか満杯になってしまった僕たちは、もう何も吸収できずに溢れてしまうようになった。少なくとも自分の目にはそう映っていた。

音楽の形を「音楽ができている喜び」だけでは満たすことができず、幾度もの話し合いを経てドラマーは脱退した。時間をかけて何度も死と再生を繰り返すかのように、互いに痛みを伴っていたと思う。覚悟を決めた決断だった。

メンバー脱退の先に上手くいく保証なんて何もなかったが、自分の音楽が僕を待ってくれないような気だけが強烈にしていた。濃密に人と、音楽と、自分の人生の岐路が絡み合い、思考も心もボロボロになりかけていた。

僕は、自分の音楽を信じている自分を信じてみた。直感か、勘か、ただ目の前に見えている真実をすくい取るだけで精一杯だった。

脱退前に決まっていたイベントの主催者へ、急遽出演キャンセルの旨を謝罪と共に連絡する。「じゃあ俺に叩かせてほしい」と申し出てくれたのが、主催者として僕が連絡を取っていた中野君だった。その少し前、突然メールをくれて「六本木Ｙ２Ｋ」のライブに現れたのが初対面。まだステージ上で片付けをしている最中に元気良く話しかけてきた、妙に大きなダッフルコートを着ていた人物だ。

そうなることが運命だったかのように、新体制への準備は進んでいく。僕が働いているスタジオで初めての音合わせが行われた。中野君のあまりの手数の多さに、僕と３４５には衝撃が走る。その衝撃が薄れるほどスティックを回す斬新なプレイスタイル。

まだあのときはトライアングルとしてはいびつだっただろうが、探しても手に入らないような光が射し込んだ瞬間だった。奇跡にはまだ続きがあったようだ。

自由自在にスティックを操る中野君は、「ピエロみたい！」と感激した３４５の言葉を経て、「ピエール中野」という名前にさせてもらった。凛として時雨を決定づけるピースが、突然僕たちの元に引き寄せられた。

スタートライン

2003年。バイトと練習で夏を感じる余裕もない僕のもとに、1通のメールが届く。凛として時雨がインディーズで動きだして間もない頃だった。

「次のライブのチケット予約をお願いします」

まだまだライブも試行錯誤の中、お客さんの数も少なく、チケットが10枚も売れれば上出来な時期。あとはたまたま時間のある友達が数人来てくれる程度だった。

そんな中、「百瀬」と名乗ったそのメールの差出人が異色だったのは、ドメインが「movingon.jp」だったから。当時名を馳せていた「hotmail.com」でもなく、「yahoo.co.jp」でもなく、「movingon.jp」。音楽で食べていくためならどんなきっかけもつかみたかったあの頃、オリジナルドメインは一際輝いていた。

確か最初に来てくれたのは、もう今はなくなってしまった「赤坂L@N」というライブハウスだった。「デモ音源が面白かった」という感想と予約の旨、そしてなぜか最後に「赤坂L@N」という場所はどこにあるかを尋ねる文章があったのを強烈に覚えている。まだ業界でバンド名すら話題に挙がらなかったあの頃、僕たちのサイトにたどり着いた人が、告知されている場所がどこにあるかを調べられないという違和感が面白くもあり、試されているようでもあった。今思えばあれは、新手のナビゲーション能力を測るリモート面接だったのかもしれないな。

当時はメンバーが自ら物販を担当するのは当たり前で、予約してくれている数人のお客さんが誰かを大体把握できた頃でもある。ところが、百瀬という人物は毎回、感想と次回の予約のメールをくれるのみで、一向に姿を現そうとしない。予約メールの端々に飴と鞭がちりばめられ、SOTECのパソコンモニターに映るメールだけが、百瀬さんの人物像を謎色に染め切っていた。僕から何かを積極的に尋ねることはなく、百瀬さんが自ら素性を明かすこともなく、しばらくの間は、「予約してライブを見に来てくれる姿を見せないお客さん」の一人にすぎなかった。

メールだけのやり取りが一年ほど続いたある日、「池袋手刀」でのライブで、出番前に対バンを見ようとフロアに繋がる防音扉を開けたとき、どう考えてもライブハウスには似つかわしくないお洒落でフォーマルな出立ちの人物がいた。黒いハットにダークカラーのジャケットをラフに着こなしていて、壁際で腕を組んでジッとたたずんでいる。その日の客層の中では際立って異様な雰囲気を醸し出しており、僕は直感的にその人物が百瀬さんだと確信した。メールのドメイン名から音楽業界の人だとは勘付いていたものの、それについて言及されたことはなく、一定の距離感を保ったラリーだけを続けていた人物が、初めて視覚的に映り込んだ瞬間だった。

暗がりに同化するようなたたずまいで鋭い視線をステージに送り、対象となるバンドを吟味している。射貫かれそうになる視線をどこか意識しながら、僕は歌い、ギターを弾き続けた。

終演後、百瀬さんは僕たちに話しかけることもなく、気付いたときにはいなくなるのが儀式だった。とはいえ、あの人が百瀬さんだったのかさえ分からない。ただ、僕はこのとき、自分が出会った中で〝もっともレコード会社っぽい身なりの人物〟に心が躍りまくったのを覚えている。「あれはオリジナルドメインの人だ……」と。

インディーズレーベルや事務所、レコード会社と接触したいと、とにかくライブの経験を積みながら、どこかで突破口を見つけるためにがむしゃらに弾き狂っていた。

あそこまで〝レコード会社っぽい人〟を見たことがなかった僕は、それが百瀬さんだったかどうかの確証もないまま「今日、百瀬さんっぽくて、レコード会社っぽい人がいた！」とゴシップ誌でも書かないような不確定な情報だけを、嬉々としてメンバーに話した。そのくらい僕たちは、どこかに届く場所に飢えていた。自分たちの音楽が1㎜でも開く瞬間は、この頃から今に至るまでいつも輝きに満ちている。

百瀬さんはライブに来る回数を重ねるごとに、予約時のメールに前回の感想をさらにディープに書き添えるようになった。

「あのときのMCは……」

「曲間がもうちょっと……」

「自己満足で終わっている……」

まだ会ったことのない謎の人物から、数々のアドバイスやダメ出しが届く。

「いや、その前に誰⁉」

そんな思いがなぜ湧かなかったのかは今でも不思議だが、百瀬さんの指摘と自分が表現したいことを照らし合わせていった。

どんな意見も一度自分のフィルターを通してみるのが、僕の常だ。自分を保つのも壊すのも大事だし、その選択権は自分にある。

それにしても、なぜ百瀬さんは素性を明かさないまま、ただ僕に意見を伝えるだけなのか？　ダメ出しをされたことに不快感を抱いたわけではない。そこにどんな意図があるのか、このときの僕には分からなかった。だけど、その謎はついに解けることになる。

ある日突然、百瀬さんから軽い自己紹介のメールと共に食事に誘われた。遠くから見ているだけだった〝百瀬さんっぽい人〟が、〝音楽業界の百瀬さん〟に確定した瞬間だった。

「大丈夫だよ、契約書なんか持ってきてないから」

その言い方は少し高圧的にもジョークにも感じたが、初めて耳から入った百瀬さんの言葉は、相変わらず黒いハットとジャケットで、某ブラックユーモア漫画に登場する主人公のような、怪しげな雰囲気から逸れることなく、自然なものだった。「君たちと契約するつもりなんかないから」とも「いきなり契約の話なんかしないから安心して」とも取れる不思議な言い回しに、どことなく質問で返せないオーラを纏っていた。

その場では、過去に見てきたライブの感想、これからの展望などを、独特な言い回しで投げかけてくる百瀬さんに対し、僕の脳はリードエラーになる寸前のフル回転で会話が繰り広げられた。会話ひとつひとつの真意を測るのに必死で、読み取り違えてもエラー、そのまま受け取ってもエラー、というような初めての感覚だった。

何度か食事や打ち合わせなどの段階を踏み、ドラムの脱退や中野君のサポート加入を経た頃、新宿のとあるイタリアンに呼ばれた。

荷物が擦れるほど狭い階段を上がって、席につくなり、僕の記憶が間違っていなければ「どうしたいの?」と聞かれた。「いや、誘われたのにいきなり質問……?」と心の中のリトルTKは囁いたものの、僕は「CDを出したいです」と即答した。『スラムダンク』さながらのやり取りに、緊張感がほぐれることなく食事を終えた。満腹の後に誘われた熊本ラーメンの味はほとんど覚えていない。

百瀬さんが社長を務める事務所「ムーヴィング・オン」に正式に所属する前、社長は僕にCD制作のノウハウを事細かに教えてくれた。ただし「ノウハウは貸してあげるけど、原盤（CDの制作に必要な録音費）のお金は出さない」という条件付きだった。それはつまり、「自分たちでお金を持ち寄って録音をして、自分たちでリスクを背負ってCDを売りなさい。そこに必要な知識は教えてあげるよ」ということだった。

無知だった僕は、長年の経験のある社長からすると、あまりにも浅はかな若造だっただろう。社長はこの頃のことを「闘魂塾」と言うが、当時の話をすることをあまり好まない。なので僕はこの本が社長に読まれないことを祈っている。

さまざまな物事への向き合い方や精神論を厳しく叩き込まれた。決まって僕だけが呼ばれる「闘魂塾」の中で、僕は自分自身の思いとそれを常に照らし合わせていた気がする。無知で未知な中でも、与えられた情報をどう噛み砕くかで、自分の人生をどのようなものにできるかが変わってくる気がしていた。

「CDを出せる」という鮮やかな人参を目の前にぶらさげられた僕は、ひたすら前だけを見て走っていた。

ただし、僕たちだってお金があるわけではない。レコーディングは中野君の住む街に程近い公民館や、僕の働いているスタジオで行った。

録音はなんとか見よう見まねで終えたものの、その音の素材を混ぜてCDにするまでの「ミックス」という段階でつまずく。前身のバンドでは簡易的なMTRという機械で混ぜたことがあっても、今回はインディーズの流通に乗せる作品で、さすがにそれはないだろうと思っていた。言うなれば、僕たちの演奏を録った段階は、料理に必要な野菜やお肉を買ってきた状態。それをどうやって切る、炒める、味をつけて料理をするのかが分からなかった。カップラーメンだけは作ったことがある、のような状態に限りなく近い。

途方に暮れていた僕に、お世話になっているライブハウスの人が「最近ソニーで働き出したアシスタントの人がミックスする素材を探してるから、無料でやってくれるかも」という話を持ちかけてくれた。ミックスはとにかく数をこなして経験値を稼ぎたいという、そのアシスタントの方が担当してくれることになった。深夜の乃木坂ソニースタジオに忍び込み、何度も意見を交わし、ミックス作業を重ねていった。

しかし、完成が迫った納品直前、そのエンジニアの方と突然連絡が取れなくなってしまう。

緊急の連絡というのは、なぜかコール音が静寂の中で焦って聞こえる。繋げてくれた知人から変な時間に電話が鳴り、「彼がバイクで事故って生死の縁をさまよっている。作業中のミックスのデータを抜き出すことも難しい」と告げられる。呆然とする間もなく、僕は自分自身で完成させるほかないことを悟った。

あまりにも知識のない状態での料理だ。クックパッドも料理本もない。それでも、何もない僕が成し遂げるにはあまりにも荷が重いその料理は、「ファーストアルバム」という形で産み落とされた。

デビューアルバムには、初めて曲に触れる瞬間が詰まっている。そして、初めて音を作り上げる瞬間もそこに詰まっている。そうやって、すべてを自分たちだけで完成させたのがファーストアルバム『#4』だった。

本来であれば、その初々しさが今の自分からは痛く感じてしまいそうなものだが、生々しい傷痕が、今でも超えられない輝きとして残せたことに誇りを持っている。

リリースして少し経った後、エンジニアさんの無事が伝えられ、安心した。数年の時を経てレーベルスタッフに転職したその方と、僕たちがメジャーデビューをするソニー・ミュージックアソシエイテッドレコーズで再会することになるなんて、思ってもいなかった。

そしてあの頃忍び込んでいたソニーのスタジオには、今はちゃんとしたブッキングを経てレコーディングに行っている。いつ行ってもあの頃の面影を感じる、特別な思いを持ってレコーディングに挑める場所だ。

ファーストアルバムが少しだけアンダーグラウンドの中で認知された後、ムーヴィング・オンに正式に所属をした僕たち。２００８年にメジャーデビューをするまで、社長からは制作のことだけでなく、僕に必要なこの世界での生き方の指針のようなものを数多く教えていただいた。

この20年、何度お叱りを受けたかは分からないが、あのときに出会い、僕に可能性を感じてくれたことが、今のすべてに繋がっている。

導かれたのではなく、「自分で創れ」という教えが今も自分を切り拓いている。その恩義は、これからも音楽と共にある。

死ぬか創るか

社長と出会った僕たちは、ライブを行うために新曲を作り、その新曲を流通に乗せてCDショップ等にリリースするという術を得た。ファーストアルバム『#4』のリリースから間もなく、全国ツアーが始まると共に、その少しの手応えは熱を帯びていった。

次作のリリースに向けた打ち合わせの中で、アクシデント的に僕がミックスをしたファーストアルバムに対して、いくつかの改善点を社長から言い渡される。雑多な音が入り乱れるカフェで、僕はノイズキャンセリングイヤホンでもしているのかというくらい、社長の話だけにフォーカスした。

真似事の限界だということは自分も認識していた。ミュージシャンが作品を自分で抱え込んで失敗する事例をたくさん見ていた社長からは、僕がまさにその第一歩を踏み出しているように見えたかもしれない。声が聞こえにくい点を改良することと、基本的にレコーディングやミキシングはプロに任せるという条件を課された。その上で、凛として時雨としての2枚目のCDを、正式に事務所に所属した上でリリースしてもらえることになった。

正式に所属してCDを出してもらえることと、自主制作だったファーストアルバムの制作工程は似て非なるものだ。自主制作というのは、レコーディングにおける費用をすべて自分たちで支払う。ジャケットやCDケース、プレス費用を含めたすべてのものを。契約はもちろん千差万別だが、所属とは、バイトをせずに音源制作に集中し、「CDを制作する費用すべてを事務所が負担する」ということを意味していた。いわゆる、みんなが想像している〝通常の〟バンドの状態だ。

僕たちバンドマンにとっては、バイトをしないで音楽ができるなんて夢のまた夢だ。知らない人も多いかもしれないが、小さなライブハウスでも、「ノルマ」と言って「1500円のチケットを○枚売らなければいけない」というそれぞれの条件を課された状態で、やっとライブに出られる。つまり、お客さんが呼べなければ自腹を切ってライブをするのだ。

僕としては、ライブハウスの維持費や経営がとても大変であることを知っているし、今でもそれは当然だと思っているけど、話すとびっくりする人も多い。ライブハウス側の「出てほしい」が、バンド側の「出たい」を上回ったときに初めてノルマがなくなり、出演オファーという形に変化する。例外を除いて、みんながまずはそこを目指すのだ。

いつかのライブの後。僕の家の前にあった、とてつもない大きな砂利が敷き詰められている駐車場に、機材車として使っていたホンダの車を駐車したときだっただろうか。「いつかノルマとか払わないでライブできるかなあ」と呟いた僕に向けて、中野君が「できるよ」と返した言葉に説得力を感じたのを、妙に覚えている。

事務所と専属契約を結んでの制作は、今までにない刺激の連続だった。レコーディングエンジニアの存在、SSLと呼ばれる雑誌でしか見たことのない大きなコンソールに、整然と並んだ楽器。公民館や練習用のスタジオで録音していた僕らからすると、レコーディングスタジオでの録音は初めての作業の連続だった。

2枚目となるミニアルバムは、自由が丘の住宅街にたたずむスタジオで録音された。大きなスピーカーから鳴る音はとてもソリッドで、大音量でプレイバックされる生々しい音を初めて耳にした僕は、興奮が冷めやらなかった。

その裏で社長は、ミニアルバムに収録予定の「セルジオ越後」という楽曲を、そのままのタイトルで収録したいという僕の思いを元に、名称使用の許諾に奔走していた。結果的には、まだなんの影響力もなかった僕たちに免じて、ローマ字表記で「Sergio Echigo」で快諾いただけた。何度も別のタイトルに変えるように促されたものの、粘ってこの形に落ち着けたのが嬉しかった。

元々L'Arc～en～Cielのマネージャーをしていた社長も、きっと人生において、そんな許諾を取らなければいけない日々は想像していなかっただろう。本当にごめんなさい。そしてありがとうございます。

僕の中には時折、揺るがすことが許されないこだわりがある。おそらく誰もが理解できないその小さなこだわりは、何か変化をもたらすとか、そういう論理的な確証があるわけでもない曖昧なものだ。後で思い返しても分からないほどの小さな違いの中に、絶対そうでなくてはいけないものが見えているのは、そのときの自分だけなんだろう。自分でも振り返ると分からないということは、その渦中にいるまわりの人に分かるはずがない。だからこそ自分の感覚を逃さないようにしている。

それは、歌詞の言葉の在り方に似ている。とても時間のかかるその言葉の配列は、一見してどの順番でも成り立つものだ。ときどき、自分自身が昨日の自分の決断の理由を尋ねたくなることすらある。僕にはその感覚がファーストアルバムのときからあった。誰にでも手に取るように分かる理由なら、きっと誰もが共感しやすく、同調してもらえるだろう。ただ、そのありきたりで丸いものは、僕には要らない。

数日にわたるベーシックのリズム録音やダビング、歌の録音をスタジオで終えた。思えば、すべての歌を外のスタジオで録音したのは、このときが最初で最後だったかもしれない。

問題はその後だった。ミックスダウンと呼ばれる音の最終調整が、自分の中でどうもイメージと違っていた。実はレコーディングが進むに連れて、その日に渡されるCD-Rの音が、スタジオで聴いている音像とはまったく違うという違和感をずっと抱いていた。スタジオでは自らを奮い立たせていた音が、家のコンポではひっそりとなりを潜めてしまう。

これは、ファーストアルバムのときに手伝ってくれていた、エンジニアさんのミックスでも感じていた違和感だったのを思い出した。深夜に忍び込んだスタジオの、あのソニーのラージスピーカーで聴く音とどうも一致しない。これはもしかすると、どことなく聞いたことのある、暗めのＢＡＲではかわいく（かっこ良く）見える人が、店を出るとそうでもないみたいなあの現象……？　いや、違う。そうじゃない。家電量販店でばっちりのサイズで購入したテレビが、家に置くと全然違うサイズに感じられるあの現象……？　いや、これは確認ミスじゃないか。唯一思い出した感覚は、タワレコでCDを試聴したとき、プレイヤーとヘッドホンの組み合わせなのか、絶妙にディストーションがかかって聞こえた魔性の音像に魅了され、ついつい購入してしまったが、家ではまったく違って聞こえてしまう現象……に似ていた。こうやって書いてみるとBARの話もあながち遠くはない。

ベーシックの録音時に、最終のミックスで良くなるだろうと思っていた部分は、あまり変化を遂げずに完成を迎えた。これはエンジニアさんが悪いわけではなく、自分の中での理想、つまり、かっこいいと思う音像を共有できなかったことが原因だ。僕にはそれをプロの人に伝える術がなかった。時雨において、僕は特にドラムのドライブ感を重要視していたが、それを上手く表現することができなかったのだ。何度か修正をして完成とみなされた音源は、僕が求める時雨の音像とは違ったままだった。

ある日、僕は池袋駅の北口近くにある珈琲専門店にいた。タバコの匂いが漂っていた店内で、まだブラックコーヒーを飲めなかった僕は、きっと牛乳の入った何かのドリンクを頼んでいただろう。社長は完成形に納得していなかった僕にひとつの助け舟を出すために、その打ち合わせを組んでくれた。

社長からは、少しの説教と共に、「もし、このままの音で出すなら死ぬ、くらいの覚悟があるなら、自分でやり直してもいい」という言葉を投げかけられた。僕が「やり直したい」と直訴したものに対しての、厳しくも優しい提案だった。いずれにせよ、僕は即座に自分でやり直す決断をした。

家のコンポの小さな音で聴いたときのあの絶望感を、他の誰にも味わわせたくなかった。素人の自分がミックスすることで、音のバランスがどうなったとしても、自分の好きな音で楽曲をドライブさせることを選んだ。僕は2曲だけ自分でミックスすることをエンジニアさんに丁重に詫び、納期の迫っている中で作業を急いだ。

出来上がった音を、マスタリングエンジニアと呼ばれるプロの方が最終調整して、CDの流れを作るマスタリングという作業を無事に迎えた。曲間など細かい調整を経て、遂に2枚目の作品は完成を迎えた。

僕が2曲だけミックスをしたことはマスタリングエンジニアさんには伝えていなかったが、その2曲だけ「バランスが悪い」とさらりと言われたのを覚えている。「プロはやっぱり分かるんだな」と思ったのと同時に、僕にしか見えないものが確かにあることを心の中で噛み締めた。そうでも思わないとやってられなかった。

あのときの僕が求めたスピード感とひずみは、バランスを保つためにあるわけじゃない。鋭く鋭利なものだけで表現できるものが多くの人を突き刺せると、僕は心から信じていた。

死んでも譲れないもの——それが、僕たちのセカンドアルバム『Feeling your UFO』には詰まっている。2006年に襲来した、誰にも確認できない僕の飛行物体は、あまりにも確かなものだった。

ソロ

すぐ横には釣り堀があり、夏には独特の匂いを放ちながら春には満開の桜を見せてくれる市ケ谷の駅を抜けて、僕はソニー社屋のカフェに入った。海外で撮り溜めた写真をどんな形でアウトプットするかという打ち合わせの中で、「ソロ活動」の話が出たことがすべての始まり。最初はなんとかそれをバンド名義でリリースする方法を画策したものの、「パーソナルなものとの整合性が合わない」と出されたアイディアだった。

ただし、音楽レーベルである以上、写真集という形態での販売はできない。さまざまな転がり方をしてたどり着いたのが、「film A moment」という作品だ。スコットランドの写真と、アイルランドのフィルム写真、8㎜映像を、旅のエッセイ、ソロ形態で作る音楽と掛け合わせたもの。自分の中では未開の地に足を踏み入れた瞬間だった。

借り物の8㎜カメラはカタカタと音を立て、目的のない目的地へと向かう。荒野にはフィルムのシャッター音と8㎜の音だけがこだまする。慣れていない8㎜カメラは映っているかさえも分からず、ただひたすらに回し続けた。メンバーにも参加してもらいながら2011年にリリースされたこの作品がソロの始まりだが、ライブもなく、このときはあくまでプロダクトに対しての名義としてソロにしたという程度だった。

本格的にソロのライブがスタートしたのは、2011年に中野君の股関節の調子が悪くなり、公にはせずバンド活動を休養することにしたタイミングだ。休止直前のツアーでは、富山でのライブ中に「鮮やかな殺人」のイントロで足がもつれ、曲が幾度となくストップしたこともあった。表から見ているみんなには何が起きているか分からなかったはずだが、止まらずにずっと走ってきたからこそ、身体的に限界がきていたんだろう。ステージ上ではそれを弾き飛ばす熱量でライブを終えた。

はっきりとその会話をした記憶はないが、それぞれが言葉にはならないその深刻さを感じ取っていた気がする。仰々しくならないように、身体に不調をきたしたことも活動を休止することも発表せずに、ライブを入れないという選択肢をとった。

あのときの僕は何を考えていただろうか。契約上公にはできなかったインストの音源を緩く作っていた僕は、バンドだけでは表現できないものへの憧れみたいなものを持ちはじめていた。すべてを緊迫感と鋭利なものだけで埋め尽くさなくてもいい、自分の音楽の行き先をどこかで求めていたんだろう。それがまた自分からの発信ではないことに、つくづく人との出会いの中で自分を形成していく面白みを知る。バンドの休止はきっかけに過ぎなかったが、自分のベクトルがだんだんとそこに向いていくと、よりはっきりとソロという概念のいろいろな物事が見えてきた。

バンドを休止すると言っても、ソロ活動に動くにはいろいろな壁があった。ソロの可能性を信じてくれるスタッフがいる一方、ソロが上手くいかないことでのバンドへの悪影響を懸念し、「リリースはしないでほしい」という意見もあった。どちらも僕やバンドへの愛情があったからこそだが、これにはソロというものへの当時の見方も大きく影響している気がする。

一般的に、ソロプロジェクトはメインプロジェクトの影で日の目も浴びづらく、マニアックになりすぎるという懸念がスタッフの中でもあったようだ。ソロ活動はバンドの枠を解放して新たなインスピレーションを得る場だという肯定的な捉え方は、まだあの当時は少なかった気がする。ましてや、一作目にリリースしたのが写真集と8㎜ビデオの映像作品集だったことが、余計に不安をよぎらせたのかもしれない。このやり取りが長く続いたことで、僕はソロ活動というものが人から受け入れられ難いものなんだと実感する。きっと、さまざまなアーティストのファンの方も同じような部分が少なからずあるだろう。

２００８年にメジャーへ移籍したことや、２０１１年のソロ活動スタート、２０１２年のアニメ初タイアップなど、あらゆるものへのファンの見方は、僕たちの中にもある程度同じような形をして居座っている。音楽活動において、さまざまなものをアレルギーのように「やりたいもの」「やりたくないもの」とはっきり分けていた僕たちにとって、だからこそそういったターニングポイントに対しては、特別な思いを持って遂行する確固たる理由があった。

避けて通った道、嫌っているものの中には、手に入れたいものがあったりする。奇妙なほど、新たな自分に触れることができたりする。僕は視野を広げることに元々肯定的ではなかったけれども、自分の視線がそこに向いたときにはじっくりとそこを見つめるようにしている。やりたくない、の理由をしっかりと見据えてみる。裏返すことで自分の欲しいものに近付けたりするから不思議だ。基本的に写真を撮られるのが苦手な僕が、この人のファインダーの中に見えている自分を見てみたい、と思うカメラマンさんに出会ったこともある。

僕は今でもあのとき、いろいろな懸念を顧みず、「ソロをやってみるべきだ」と強くプロジェクトを推し進めてくれたスタッフに感謝している。誰にも求められていないように見えたその場所に到達する道は、とても険しく感じていた。まだ明確にソロというものを見据えていなかった僕にとって、そこに飛び込めと言わんばかりに背中を押してくれたその加速は、あまりにも大きかった。

幾度となる話し合いの末、「film A moment」に続き、2012年にはソロとしてのファーストアルバム『flowering』をリリースした。凛として時雨において、バンドを結成する前の渡英がターニングポイントになっているとすれば、きっとソロ活動においては、「film A moment」『flowering』でのすべてのプロセスがそれを形成している。

僕の音楽に対する執拗な執着心が功を奏したのか、その後今に至るまで、本当にさまざまなタイアップや楽曲プロデュースのオファーをいただくことができている。2021年にはアニメ『東京喰種トーキョーグール』の主題歌「unravel」が〝Spotifyにてもっとも海外で再生された日本アーティスト楽曲〟となった。母は少し誉めてくれた。

バンドにとっての『#4』。ソロにとっての「film A moment」。

僕が初めて触れた瞬間が形として記録されていることの奇跡を、僕はいまだに噛み締めている。僕は今でもいつかの僕に憧れたりする。

第 2 章

流れのままに －Passive－

姉と僕

小学生の頃、理由を告げられずに茨城に引っ越した日。僕は姉と転校予定の校庭で遊んでいた。それまで住んでいた東京の小学校にはない大きな遊具を持て余していた僕をよそに、運動神経がとてもいい姉は、回転型のジャングルジムをアクロバティックに乗りこなしている。姉の身体能力は、小中学校で常にリレーの選手になるほどだった。そんな一見自分とは真逆のタイプの姉が、僕に与えた影響は計り知れない。

姉は子どもの頃から破天荒を地でいくタイプだった。誤って植物の肥料を食べるなど、型にはまらない?クレイジーさがあり、何をするにも派手で友達も多かった。

一方の僕は、姉と対照的に控えめでおとなしい子どもだった。姉が何をして怒られているかを見て考えて覚えながら、争いごとを避けるように静かに暮らしていた。

だから、姉と口げんかをしても、いつも僕がコテンパンに言われるだけ。それでも、特に幼い頃は、どこに行くにも姉についていく弟だったと思う。花から色を抽出して遊んだり、歩道橋の下の誰にも見つからない土手をダンボールで滑ってみたり、文房具屋さんに入り浸って好きなペンを探し回ったり——幼少の頃に一緒に遊んだ思い出は多い。破天荒な姉は反面教師であると同時に、少し背伸びしたい年頃の僕に、微かな刺激を与えてくれる存在でもあった。

だが、姉の後ろをついて回るおとなしい僕に対して、母はなぜか厳しかった。姉を見ながら争いを避けていた僕には、天敵がもっとも身近にいるという人生最大の罠。学生時代までは、僕のやることなすことに母は過剰に干渉していたと思う。

「ピアノを習いなさい」

「字が汚いから書道を習いなさい」

「ニキビが汚いから皮膚科に行きなさい」

「背が小さいから病院に行かないと」

母親として、息子の将来を考えて良かれと思っての言動だったとは、後になって思うこと。青春真っただ中の僕にとっては、「僕は悪いことをしていないのに、なんでここまで言われなければならないのだろう……」と不満を募らせつつも、「親なんてこういうものだ」と受け流すようになっていた。まだ成長過程の小学校低学年で「背の順が前のほう」という理由で病院に連れて行かれた人に、僕はまだ出会ったことがない。確かに小さかったが、背の順なんてあくまで相対的なものじゃないか。

そうして女性が強く激しい家庭に育ったからか、「主張をしない印象の薄い子」と言われたことも納得できる。

姉の背中を追いかけなくなったのはいつからだろうか。年齢を重ねるに連れて姉と過ごす時間は減っていき、一般的な姉弟のように次第に距離が離れていく。姉が大学進学と共に家を出てからは、会う機会すらなくなっていた。


僕たちが姉弟の関係を取り戻したのは、やはり1章で書いた姉のイギリス留学と、僕のイギリス旅のおかげだろう。

姉は日本で通っていた大学を突然やめ、オックスフォードにある大学に入るために留学した。オックスフォード大学に見せかけて、オックスフォードにある大学なところが姉らしいが、そのダイナミックな行動力には敬服する。特に驚くのは、そこまで英語を喋れるわけでもないのに渡英したところだ。

先述の通り、僕は母から、そんな姉のもとに無理やり送り込まれた。大学生だった僕には阻止する術もあったはずだが、興味がない割になんとなく身を任せてみたのを覚えている。母からしたらことごとくレールから外れていく姉に対して、弟には堅実に就職してほしいという思いが強かったのだろう。この本を書くにあたり、母に「日本から飛び出て、知らない景色を見てきなさい」という思いがあったかを聞くと、「いや、英語を喋れるように」とだけ返答が来た。他人のシンプルな意図も、自分なりの手繰り寄せ方があるものなんだなと時を超えて思う。きっかけをどう自分の血にするかは本人次第だ。僕は思いもよらぬきっかけと場所で、探してもいない創造の源に出会ってしまった。

異国の地で一人、不安と期待が入り交じるまだ若かりし僕が頼れるのは姉しかいなかった。だけど、元から自立心が強く、僕にはあまり手を差し伸べなかった姉が、ヒースロー空港まで迎えに来てくれるはずもなく、一刻も早くオックスフォードのバスステーション「Gloucester Green」に到着して〝できるところ〟を見せたい思いだった。空港から気軽に連絡する手段など当然なく、飛行機が遅れたり、バスが運休したり、ひとたびトラブルに見舞われたとしたら、会えもしないような段取りだった。

飛行機を降りて、空港内を抜けると、茨城でよく乗っていた高速バスというものに乗り込んだ。僕は少しの安堵感を覚えながらも、「手前によく似たバス停があるから気を付けて」という、出国前に聞いた姉の忠告にビクビクしながら耳を澄ましていた。リスニングもままならなかった僕には、車内のレンジの狭いスピーカーからゆがんでアウトプットされる英語は、耳を澄ましても澄ましても聞き取るのが難しかった。

まわりの人にも聞きながらなんとか降りたバス停には、久々に会う姉が待っていた。ヒースロー空港から流れていた灰色の景色を存分に堪能した僕は、過去に家族で行ったグアムやハワイやサイパンとはまったく異なる〝海外〟に、気分もどこかグレーになっていた。暗い中、姉の暮らす寮に連れてこられると、急いで距離感を戻す必要はないと知りながらも、どう接するべきか分からないまま、ただそわそわしていた。

大学や寮を案内され、そこでの姉の様子を見ていると、友達も多く、通りすがりの学生たちによく声を掛けていた。特段勉強ができたわけでもないのに、いつしか英語をネイティブの友達と同じように使いこなす姉がかっこ良く見える。

英語圏で英語を勉強するというのは、シンプルでいて実際はとても大変なはずだ。ましてや今と違ってホームステイ先を探すにも学校を探すにも、ネットが十分なほど普及していなかった時代。それを調べるのにももちろん英語が必要だった。後に僕も英語学校、ホームステイを経験するが、何が分からないか、何が間違っているかすらも聞けない、分からないというループに陥ってしまう。

そんな異国の地で、姉に羨望の眼差しを向けながら僕が後ろをついて回る様は、幼き頃の僕たちと何も変わっていなかった。

その後、僕は幾度となくオックスフォードを訪ねることになる。旅好きな姉と共に、そこを起点にヨーロッパ各地を巡る。つまり、待ち合わせ場所がオックスフォード。日本では馴染みのない格安飛行機、Ryanairに乗り込む。ヨーロッパ各国の、歴史と生命が色濃く現れるそれぞれの色彩の虜になる。国にはあらゆる側面があることにも気付かず、見たものだけで「この国はこうか」「この国はあそこに似てるな」なんてふたりごとを呟きながらも、その魅力に取り憑かれてひたすらに空を渡り歩いた。

そのうち、いつしか僕の中にも知らない景色に対する憧れや探究心が育っていった。姉以外にその感覚を共感し合える人がいなかったからこそ、姉と過ごした時間が僕に与えてくれるものはかけがえのないものだった。

スペインの田舎町では、ヴィラが集合した宿泊施設のプールサイドで「O.F.T」の一節を書いた。スコットランドのエジンバラでは、プリンセス通りのマクドナルドで「DISCO FLIGHT」の歌詞を書いた。気付けば視覚から入ってくるすべての感覚が、音楽と僕の中枢神経を刺激するほど代え難い存在にまでなっていた。

あれから、姉とは今もよく連絡を取り合っている。ついさっきも、「ユーロがすごい上がったよ」という為替情報まで届いた。

僕にとって音楽の原点とも言えるイギリスの地。あの頃、グレーだったはずの街で過ごした姉との思い出は、どれも鮮やかに色づいたままだ。

母親のピアノと父親のギター

僕が3歳になった頃、母親は僕にピアノを習わせた。

ピアノ教室は正直楽しいと思えなかった。幼児向けのリズムに合わせて感覚的に鍵盤を触るだけの段階は、まだ楽しかった記憶がある。だが、譜面通りに覚えて弾く練習曲や定番のクラシック曲に心は惹かれず、跳ねるように鍵盤を叩く他の子どもたちを見ても、僕は何も感じなかった。

「倣う」ということが、なぜか楽器から僕を遠ざけてしまう。翌週に来るレッスンに向けての練習もろくにしなかった僕は、母に怒られ、優しい先生にもきっと愛想を尽かされていたに違いない。

音楽を楽しんでいたのは、きっと本当に初期の頃だけだった。白いタイツをはいて立った発表会のステージで、低音を「象さん」、高音を「ひよこさん」と言われたときに、鍵盤を乱れ打ちして弾くのが楽しかったという記憶だけが鮮烈に残っている。やめるタイミングを見つけられず、中学1年まで続けたピアノは、なんとなく憂鬱な空気を残したまま終わりを告げる。一軒家の中にある4畳ほどの練習室で、「エリーゼのために」は誰のためにも鳴らせずに終わったが、あの旋律に哀愁を帯びた美しさを感じた記憶ははっきりとある。

そして僕は、小学校高学年から始めたサッカーに夢中になっていった。

サッカークラブの練習は毎週土曜日。僕はその日が晴れることを毎週切に願っていた。願いの強さは、薄暗く空が正体を現してくる夜明け頃、その日の天気が気になって起きてしまうほど。当時、学校に屋内のフットサルコートはなく、悪天候ならサッカーの練習自体がなくなってしまう。小学生の僕が空を見ても天気が読めるはずはないのだけど、Siriもアレクサも教えてくれないその数時間後の天気は、僕の部屋の出窓だけが教えてくれた。

家族で旅行に行ったときは、早く家に帰って練習がしたくてたまらなかった。ボールから離れたそのときは、「今練習したらめちゃくちゃ上手くなるんじゃないか」という謎の妄想衝動に駆られた。

この衝動の名前はなんだろう。

後に始めるギターにも音楽にも感じた、あの自分勝手な無敵予想図。決まってその衝動は、目の前にその対象物がないときに現れる。あまりに陳腐なタラレバが、あの頃は無限の可能性を秘めていた。

6年生になったとき、僕はキャプテンになっていたが、「弱いチームで、6年生の人数が足りていなかっただけだ」という現実を今も母から言われる。その中途半端さがなんとも僕らしい。母よ、そのチームの中では僕が一番上手かったんだよ。多分。

そのまま中学に上がり、僕はサッカー部に入る。ユニフォームは青と黒のボーダーから、鮮やかな黄色に変わった。毎週のようにヤンチャな先輩たちから〝洗礼〟を受けた同学年の話や、他校との事件で持ちきりの少々荒れていた学内でも、持ち前のマイペースさで平穏に過ごし、相変わらずサッカーに熱中していた。

ピアノで音楽を奏でることからはいつしか離れてしまっていたが、J-POPという音楽は身近にあった。近くにある本屋さんには1階に本と文房具、2階の広いエリアにはレンタルCDが所狭しと並んでいる。僕は父の運転する車でそこに通い、たびたび8㎝の短冊形のシングルをレンタルしていた。

一風変わった音楽に興味を持つ片鱗があるわけもなく、テレビで聴いて気になった音楽を、レンタルが開始されたらすぐに本屋さんの2階のCDコーナーに借りに行き、自宅でカセットに吹き込む。タイアップを獲得したミュージシャンやレーベルからしたら、僕はもっとも狙いやすいターゲットど真ん中だったはずだ。そのくらい、J-POPというものは僕の生活を彩る存在だった。

中学卒業が近くなったある日。きっとずっと家に置いてあったであろうアコースティックギターに、ふと手を伸ばした。

どうしてだろう、今まで近くにあったものがふと目の前に飛び込んでくる瞬間がある。何度かこっそり手を伸ばしていたのか、それとも父が偶然リビングに置きっぱなしにしていたのかはっきりと覚えていないが、妙に弦が錆びたYAMAHAのアコースティックギターを僕は手にした。

僕が今使っているものに比べてかなり細身のネックは、当時の僕の手にはちょうど良かった。何も分からない僕には。誰でもすぐに技術を会得できるようなものではない難しい趣味の場合、最初に手に取る道具が、ほんの少しの要素でもう一度手に取るか否かを左右する。あのギターは、僕にもう一度そのギターを手に取る余白をくれた。

音にもならない音で遊ぶ僕に、父はフランス映画「禁じられた遊び」のフレーズを教えてくれた。初心者に最適な楽曲の弾き方を教わりながら、僕はギターにのめり込んでいくことになる。

高校受験を控えた僕にとって、まさに禁じられるべき遊びだったギターは、錆びた弦と共になんの混じりっけもなしに身体に入り込んでくる。一生押さえられないと思ったFコードの痛みさえ、楽しまずにはいられなかった。趣味で（本気だったかもしれないが）フォークバンドをやっていた父親も、僕にコードを教えることを楽しんでいたように見えた。


「ピアノと同じコードでもこんなに響きが違うんだ」

ピアノを習っていた頃、「簡単に弾けるJ-POP」という類の、さまざまな名曲をピアノで弾けるアレンジがされた譜面を手にしたときに、今までにはない楽しさに出会えたのを覚えている。

結局のところ、半ば強制的に弾かされているピアノに対しては僕の脳は停止していて、音楽としてまだ捉えられていなかったんだろう。今となっては、ソルフェージュやバイエルに謝りたい。

ピアノで弾いていた音を、知っている曲を、ギターのコードで追いかける。そこに楽しみを見出した僕は、ひたすらコードの練習に時間を費やした。

熱心にギターと向き合う僕を、父は喜んで見ていたが、母はあまりいい顔をしていないようだった。長年習わせたピアノをほったらかしてギターばかり弾くのだから、心中は察する。それでも、ヤンチャな先輩が幅を利かせていた中学校で、年頃の僕が非行に走るでもなく、静かに（音は鳴るが）ギターを弾いていることに対して、母が文句を言うことはなかった。

ギターを少し弾ける程度になるまでは、わりと早かった気がする。僕はサッカーもギターも「ある程度」のところまでいくスピードだけは速いのだ。そこから時間をかけて、「人並み」になっていく。

実は、僕はいまだに譜面が読めない。ストレスがある中でピアノを弾いていたからこそ、能動的に音楽をつかもうとする瞬間に爆発力があったのかもしれない。だけど、今となっては、受動的なものにももっと向き合っていれば良かったかもしれない。もう少しピアノが弾けたらな、と思うことが年々増えてくる。いつも足りないものだらけだ。

幼い頃から音楽に触れる機会をそばに置いてくれていたのは、紛れもなく両親だ。僕の音楽の原点はあの家の中にあった。

初ライブ

茨城の高校に入学した僕は、音楽の魅力にすっかり取り憑かれていた。友達に何度も誘われたサッカー部には入ることもなく、実家の2階にあるロフト付きの部屋が、僕のとっておきのギター練習場所になっていた。ここまで楽器への興味が続くなど、自分自身でも想像していなかったことだ。

その頃には、僕の興味はアコースティックギターからエレキギターへと移行していた。空いた時間には音楽雑誌を開いて、これから自分がどんなギターを手にするのかをひたすら妄想した。2万円ほどの激安ギターから、アーティストモデル、fenderやgibsonといったまったく手の届かない高級モデルまでが、手の平の温度が伝わるほど薄い広告ページにずらりと並んでいた。

音楽関係の部活がなかった僕の高校の音楽人口は少なく、同じクラスにもギターの会話ができる人はほとんどいなかった。だが、音楽へのアンテナを張り続けていた僕には、「どのクラスの誰がギターを弾いてるらしい」「歌が上手いらしい」という情報が徐々に集まってきていた。

俗に「ブロンズ弦」と呼ばれる、銅を主原料としたアコースティックギターの弦に慣れていた僕が、エレキギターに張られている弦が銀色だと気付いたのは、高校1年の夏だっただろうか。「あの銀色の弦はなんなんだ」というとてつもない探究心に駆られるも、今のように携帯電話でなんでも調べられる時代でもなく、近くに楽器店があるわけでもない。もっとも、楽器店に一人で行く勇気なんてなかった。僕はいつも興味に反比例して引っ込み思案なところがある。今でも楽器店は行きたいけど苦手だ。

父はフォークしかやってこなかった人間なので、エレキギターのことは何も知らなかった。僕は小耳に挟んだ〝ギターをやっているという人物〟に、友達伝いで話を聞きに行くほど衝動を抑えられなかった。

「エレキギターって感電するの？」

そんなばかげた質問をした相手——隣のクラスだった彼は、当時の僕にはイングヴェイ・マルムスティーンのような面持ちに見えたが、実際はそんなことはなかったんだろう。僕のあまりに無知な質問に不思議そうな顔をしていた。

触れたことがないものへの視点は、触れた瞬間にどこかに消えていってしまう。アコースティックの弦よりもかなり細く見えるエレキ弦が、どのように自分の指に食い込んでくるのか、今では思いもつかないことばかりだった。すべてが未知で爆発していたあの瞬間を、今でも思い出したくなる。

その夏、焼けつくような暑さの中、僕はしっかりと冷房の効いた父の車に乗って、茨城から東京のお茶の水へと向かった。当時は「楽器を買うならお茶の水」というイメージが今よりももっと強く、迷うことなく目的地に選んだのだった。

ＥＳＰというメーカーが経営する楽器店「BIGBOSS」に入り、目当てだったLUNA SEAのINORANさんシグネチャーモデルを初めて直に触る。エッジから中心部にかけて黒から赤にグラデーション塗装されたボディーは美しく、アンプを通さない弦の音はアコースティックギターよりも繊細で、初めての感覚の嵐だった。

父はあのとき、どういう気持ちで僕を見ていたのだろう、と今になって思う。多感な時期の息子と、ひとつの趣味で繋がっているのが嬉しかったのかもしれない。今は移転してしまった明大通りの小さな楽器店で、僕はほぼ決まっている選択肢を前に、どのくらい迷っていただろうか。僕は、人生の核となるものを手に入れた。

アコースティックギターからエレキギターへと持ち替えると、ギターと向き合う時間はますます増えていく。あのCDも、あのCDからも、聞こえてくる音はいつもエレクトリックだった。

初心者用のFERNANDESのアンプと、テレビやビデオのケーブルかと思うくらいの細さのシールド。エレキギターから発せられる僅かな電気信号と、僕の中にある小さな欲望は、ギターアンプの回路を経由して部屋を満たすほどに増幅された。手にした脳内の宇宙を夢中で鳴らしていた僕は、母から「うるさい」とよく怒られるようになっていた。

ある日、クラスメイトが音楽の時間の発表の場で「エフェクター」なるものを学校に持ってきて演奏をした。あれが音楽のなんの授業だったのかをはっきり覚えていないが、彼が演奏したTHE OFFSPRINGの「Pretty Fly (For A White Guy)」は、僕に強烈なインパクトを残した。小さな鉄の塊を踏んだ瞬間に、爆風で吹き飛ばされるような衝撃を受けた。音楽室の中にいる生徒のうち、どれだけの人に刺さったのだろうか。DS-2と呼ばれるBOSSのTURBO Distortionは、僕の心を確実に吹き飛ばした。

僕は次にエフェクターを手に入れたくなった。地元には楽器店がなく、すぐに隣街の楽器店に足を運んだ。お茶の水にも再び訪れた。

でも、知識が乏しい僕には、どれがいいのかがまったく分からない。お金もそれほどかけられない。シャイボーイは自分から店員さんに尋ねられない。「何がしたい?」「どういう音が出したい?」という、店員さんからしたら当然の質問が、僕にはさっぱり意味が分からないし、欲しい音を説明することもできない。それでは自分が欲しいものにはたどり着きようもない。何がしたいかは分からないけど、とにかく何かを変えたかった。理想を上手く言葉にすることができないのはこの頃からか。

ウインドウを見ていると店員さんに話しかけられてしまう。僕はしばらくの間、少し離れたところからウインドウを見つめることしかできなかった。

困りはてた僕は、友達から借りることにした。何度も頭を下げて借りたそれは、安くてどんな音も出せるという触れ込みの神のような〝おもちゃ〟で、当時一世を風靡したエフェクターだった。

念願のエフェクターを手に入れた僕は、急いで家に帰り、さっそくギターに繋げてみる。だけど、期待に胸を弾ませながら鳴らした弦からは、僕を失望させる音しか出てこなかった。音の好みは当時から一貫していた。核の部分はこれほど変わらないかと驚くほどに。

初めての割に、子どもながらに、自分が好きじゃない音だということがはっきりと分かった。僕の思うターボなディストーションの姿はそこにはなく、猫の鳴き声とテレビの砂嵐が混ざったような「シャー!!」という子ども騙しのディストーションだった。子どもらしく騙されれば良かったのかもしれないが、僕の中にはもう少し理想がはっきりとあった。あのとき楽器店では説明できなかった理想の音が、僕の心の中ではちゃんと定まっていた。

その後、いろいろなトライを繰り返して、BOSSのME-30を手に入れる。操作性も良く、初心者の僕にとっては高価なマルチエフェクターと呼ばれるものだった。

好きな音が出るエフェクターを手に入れた僕は、音を作る楽しみを知った。GLAY、LUNA SEA、B'zなど、ギターの音が際立つ楽曲のプリセットを作って練習するようになった。

本物の音源に近付いた音とコード感を探して毎日を過ごしていた。攻略本を買ってゲームを楽しむように、「BANDやろうぜ」「GiGS」などの雑誌や楽譜を買い、どれだけ近いコードを作れるか試すことが目的になっていた。どうやって譜面通りに弾いても、CDとはまったく異なる音の響きを自分なりに修正していたのは、既にその頃には違和感を排除する感覚が強かったからだろう。

楽譜に関して補足すると、新曲のそれは、非オフィシャルのものがオフィシャルに比べて圧倒的に早く店頭に並ぶ。一刻も早く新譜のギターコードに触れたいギター少年は、オフィシャルかどうかなどを問題にせずそれを手にするのだが、その譜面は実際のプレイとは違うものが表記されていることがほとんどだ。それはある意味で、耳と感覚を鍛えるいい訓練になっていた。合っているかよく分からない譜面を見ながら、どこが違っていてどこが合っているのかを想像して弾き進める。

そういう環境だったこともあり、僕は自分なりの弾き方を探すことに興味を持つようになった。音源に忠実に弾くのではなく、好きな響き、好きな弾き方を追い求め、自分だったらこういうふうに弾いてみようと考えることに楽しみを見出していた。

高校2年になると、同じクラスにいる歌が上手いと噂になっていた友達と、好きなバンドのコピーを始めるようになる。なんとなくそこに仲間が集まってきて、僕は初めてバンドを組んだ。

練習をしたくて訪れた憧れの音楽スタジオは、鉄格子の扉に蔦が巻き付いている異様な雰囲気だった。タバコ臭く、柄が悪いスタジオのイメージに違わず、店員はザック・ワイルドのよう（に見えた）な風貌で、初心者の僕たちなんかには素っ気ない。少し街のはずれにあるそのスタジオが僕は苦手で、ちょうど時を同じくしてバンドに参加してくれたドラマー宅の倉庫2階が、僕たちの練習場所になった。

畑の中にぽつんとある大きな家の横に建つプレハブのような場所に、バイクで集まるのが日課だった。目的もなくLUNA SEAの「TRUE BLUE」と「ROSIER」をひたすら練習する。誰もが自分の演奏にだけ耳を傾ける。僕も例外ではなく、自分が弾いてきたことがそこでできるのかという部分だけに集中していた。一切嚙み合ってないように聞こえる演奏の中で、この上ない喜びと楽しさが爆発していた。

目標や行き先のない時間の過ごし方は、年齢と共にいつからか削ぎ落とされてしまう。先の見えない時間が何よりも意味を持っていたあの時代を、人は青春と呼ぶのだろうか。練習終わりにはバイクの話で盛り上がり、暴走したバイクに跨って、そのままみんなで畑に突っ込んでしまったこともある。間に合わない門限に向けて、街灯のない畑の一本道をYAMAHAのYB-1に乗り、ギターを背負って帰る。心配する母に対して、畑に落ちたことを感じさせずに帰宅するのが大変だった。何をしたら怒られるかを熟知していた僕は、音楽という母の好みからもっとも遠いものにマイナスの要素を感じさせないようにと、細心の注意を払っていた。

ある日、町の公民館で催される小さなイベントで、僕たちは初めてのライブをすることになる。なぜか記憶の中で、いろいろなポイントでバンドメンバーが違うのが不思議だが、このときはボーカルの子が仲良くしていた教育実習の先生がドラムで参加してくれることになった。先生はとてもシャイで面白く、「俺は堂島孝平の友達だ」と、ことあるごとに話していた。

誰がメンバーになっても、演奏する楽しみは一緒だった。音楽人口が特に少なかった環境では、誰かが一緒に演奏するために同じ方向を見てくれるだけでも、特別なことのように感じていた。

この頃には既にオリジナル曲を作りはじめていた。僕は、簡単なコードの上に、ギターソロをどのようなメロディーで彩るかを常に考えていた。過去にピアノで少し曲を作っていたことはあったが、自分でギターのフレーズやコード、メロディーを作り、実質完成までたどり着いたのはこの頃が初めてだった。

人前に出ることが好きではなかった僕は、ライブの誘いにはそこまで乗り気でなかったが、自分たちが作ったものを披露するということに対しての怖いもの見たさで、いつの間にかそこに向けての練習に力が入っていた。そのときには受験でバンドから抜けていたドラマーの倉庫を使うこともできず、またあの蔦に囲まれたタバコ臭いスタジオに行かなければいけなかった。それでも、前よりも演奏が身に付いていた僕には、敷居の高かったその場所に少し馴染めていた気がした。まずは一度演奏をし、そこで明るみになる綻びをすべて、二度目、三度目で修正を試みる。何度も反復する癖は、この頃から今に至るまで一緒だ。まわりは大変だろう。

ライブ当日は、父が見に来てくれた。母は昔からこういった場には来ない。僕のライブを見に来たのは人生で一、二度だろうか。「息子が大失敗するのを見たくない」という特異な理由で来ないらしい。大失敗したことがあるならまだ気持ちが分かるが、あまりそんな経験はないじゃないか……。

僕の衣装は赤いネルシャツにハーフパンツ。そして、当時気に入って使っていたGrecoのレスポール。整髪料にやたら詳しいバイト先のガソリンスタンドの店長から教えてもらったジェルで、毛先を無造作に遊ばせるスタイルでの演奏だった。

客席には、おそらく出演者それぞれの家族と思われる人が座っている。誰に見せるのか、誰を見に来たのか。その曖昧で独特な空気感がステージと客席を支配していた。

思ったほど緊張しなかった──実は、僕が覚えているのはそれだけだ。人生初ステージだったのにもかかわらず。ああ、父がライブ後に、「ずっと下向いていたな」「ギターを見すぎていたぞ」なんていう感想をくれたことも微かな記憶として残っている。自分のギターを誰かに見せる、という感覚はまだ備わっていなかったんだろう、僕の意識はフレットとフレーズにだけ向けられていた。およそ父の言っていた通りだった。

あっけなく終わった人生の初ライブは、会場にも自分の心にもなんの爪痕も残さないほどささやかなものだった。

居場所

　高校時代に音楽の魅力と魔力に触れてしまった僕は、音楽と将来を見つめるために、もう少し自分の時間が欲しいと考えるようになっていた。担任の先生からの推薦と面接でしれっと大学入試を終え、まわりの友人たちとの時間軸の違いが生まれてからも、僕はギターにのめり込んでいた。ブレザーの下にどれだけ着込んでもバイク通学が凍てつく季節に、バンドをやっていた友達や同級生とは離れ離れになった。

　あの頃、どうやってそこで発していた音楽に終止符が打たれたのか、僕はまったく覚えていない。悲しいほど自然に終わっていったものの、そこには悲しい思い出はなく、ただ倉庫や小さなスタジオの中で笑っていた記憶だけが残っている。

　利那的なことにすら気付いていないとき、物事の流れはとても自然で鮮やかだ。僕たちは奏でたい音のために集まり、メンバーは自然とそのときどきで変わり、そしてフェードアウトしていった。ひとつの曲が余韻を残して終わるような名残惜しさはそこにはなく、次にどこへ行けるのかだけを考えていた。

大学では「そこで何を学ぶか」よりも「限られた時間の中で、自分の未来をどう考えるか」を重要視していた。もちろん希望した学部に対して学びたいことや、明確な理由というのは持っていたが、少しの猶予と共に、その学生生活の中で自分自身がどういったものに一生を捧げたくなるのかを考えたいと思っていた。

頭の片隅には音楽というものがしがみついてはいたが、高校生の僕にとっては、それは誰にでもあるのめり込む「趣味」のひとつなんだろうと、自分自身に対しても確固たる真意は煙に巻かれている感じだった。誰もが当たり前に、時間と共にサッカーボールやバットを置き、楽器を置き、振り向かずに前に進んでいく中で、僕自身が誰よりも中途半端に映っていた気がした。地に足もついていない、まだ誰の目にも留まらない、ただ好きなことを将来に重ねることは、独りよがりで逃げているようだとどこかで感じていた。

本当は少し調べていた（憧れていた）音楽系の専門学校への進路を、自身で自然と断ち切っていた。音楽の道への扉を自ら閉ざしたまま、僕は大学進学と同時に埼玉で一人暮らしを始めることになった。初めてギターを買ったときのように、生まれて初めての内見をした。父の車で常磐道と外環を経由して、雑誌で見た物件に向かうと、河川敷に程近い新築のその物件を僕はすぐに気に入った。

大学入学前から憧れていた音楽サークルは、練習よりも新歓コンパと称される飲み会のほうが楽しそうな様子を見て、すぐにやめてしまった。酔っている先輩の笑い声が大きくなればなるほど、僕は心の中で「音楽がやりたい」と強く再確認した。まだこの頃は、将来と音楽が交差していなかっただろう。サークルという格好の場所から自ら離れた僕は、またもバンドという憧れの場所から遠ざかってしまった。

性格上、僕は何をやるにしてもより良い状態を突き詰める癖がある。未来を見据えていたかどうかは分からないが、「何かやりたいことが見つかるかも」と心のどこかで期待していたキャンパスライフは、自ら軌道を音楽に向けていたんだろう。数年後に僕が出した答えは、必然だったのかもしれない。

時を同じくして、僕はコピーバンドなるものを結成しようとしていた。1章で書いた通り、女子が3人と僕がギターという奇妙な編成で音を出すことになった。

当時、コピーバンドというのは、基本的に足りないパート、欲しいパートを、知り合いづてだったり、スタジオの貼り紙だったりを介して探すのが普通だった。昔、スタジオのメンバー募集コーナーには、「ヤンキー×プロ志向」などという定番の要件が書いてあり、下には連絡先が短冊形にハサミが入れられた状態で、誰でもそこをちぎって持って帰れるようになっていた。お互いが求めている本気度が多様に存在するそのさまは、今の出会い系に近いのかもしれない。

僕は実際にスタジオに入るまで、彼女たちがどういう音を出すかも知らなかったし、正直一緒に音を出す人がいればそれが何よりだった。簡単な打ち込みならできた僕は、一人でもできたはずのコピーを、どうしても音として浴びながらギターを弾きたかった。その先にオリジナル楽曲の制作などを経て、自分の将来を見据えていたわけでもなんでもなかった。

僕たちは定期的に越谷や北浦和に集まり、女性ボーカルの曲をコピーするようになる。ライブハウスで実際のプロのライブを体感しはじめていた僕は、脳内での自分の妄想ギタープレイが長い期間燻ってしまっていた。友達でもない人とまで音楽をやるためにアクションを起こしたのは、それだけバンドというものに飢えていたのだろう。

初めてのスタジオは、それぞれの音がどうか、ということよりも人とまた音楽ができるという喜びだけが、すべての時間を満たしてくれていた。最初は買うつもりのなかったFenderのテレキャスターを買い、スタジオにある定番のギターアンプRoland

JC–120に繋げてBRIGHTスイッチをONにする。「シングルコイル」と呼ばれる、鋭い音の出るピックアップが弾き出す生々しいサウンドのスタイルは、この頃から追い求めていた気がする。いろいろなエフェクトを、スタジオで毎回試行錯誤するのが至福の時間だった。今も昔も変わらない。ちなみに、今僕が使っているSCHECTER製のテレキャスターはネックの部分が非常に太いが、これは高校生時代にB'zのコピー音源を歌ってくれた友達の激安ストラトキャスターのネックがもとになっている。豆知識。

バンド活動以外の時間はすべて、単位取得のための勉強とバイトをぎゅうぎゅうに詰め込んだ。僕は勉強がそんなに好きではなかったが、目的地があると割と頑張れるタイプだ。だから、勉強といっても何かを学ぶというより、とにかく単位を取るために効率良く作業をするというような生活を送っていた。

埼玉では、家から近いという理由でスーパーのレジ打ちのバイトをしていた。一緒に働く人たちはみな優しく、アルバイトとしてはなんの不満もなかった。

余談だが、僕はバイトが好きだった。たまたま運が良かったのかもしれないが、毎回、バイト先の人との出会いには恵まれていたと思う。すべてのバイトにおいて、仕事が嫌で途中で辞めたといった記憶もない。高校時代に3年間働いたガソリンスタンドでは、閉店後にギターの練習をしたり、店長の車に乗せてもらって、当時の僕らには刺激的な東京の「ドン・キホーテ」へ小旅行したりするほど仲が良かった。高校時代にもう歌詞を書いていたとしたら、あの待合室の横の螺旋階段を上がった小さな休憩所からの寂れた景色に、どんな言葉を乗せていたんだろう、なんて思うこともある。

授業とバイトをこなしつつ、音楽だけに満たされていた。新しいバンドでのライブハウスデビューやイベント出演、オーディション参加など、その中には刺激でしかない新たな輝きが、慌ただしい生活の中にちりばめられていた。

既にオリジナル曲もレパートリーに加わっていた僕たちが、それだけで構成されるライブもこなせるようになっていた頃、終わりは突然やって来た。

いわゆる「プロ志向」ではなかったバンドの中で、僕はいつの間にか背伸びをしようとしていたんだろう。ファンではなく、なんとなく見に来てくれる友達がお客さんのほとんどを占めるライブでも、何かを変えなければいけないと思いはじめていた頃だった。何志向だったのかは分からないが、自分たちが練習したものをステージに置き換えただけの演奏から、フロアに対して何を表現できるのかという意識が芽生えていた。

浦和でライブを終えたある夜、ブッキングマネージャーから「呼んでいる友達をまずは虜にさせないとね」という優しくも厳しいアドバイスを受けた。自分たちの演奏だけに向き合っている僕たちは、当たり前のように他のバンドの中に埋もれていたのかもしれない。なんとなくステップアップをしたくて応募した楽器店のオーディションでも、合格することはなかった。そんな矢先の解散だった。

バンドが解散するときは、音楽の方向性の違いもそうだが、時間の使い方や熱量の感覚が変わってくるという要因もあると知った。自然とバラバラになってしまったバンドの中で、僕と345だけがただ漠然と「もうちょっと音楽をやりたいよね」という気持ちだった。

「漠然と」「なんとなく」——そんなささやかな心への追い風がすべてだった。確固たる決意でもなんでもないからこそ、自分たちの中でより確かなものとして気付けた気がした。

大学3年になるともっと本格的に音楽活動をしたいと思った。そのタイミングで凛として時雨を結成したのは先述の通りである。

「新しい自分の居場所を見つけられた」

そういう感覚が僕の中にはあった。

姉に会うためにイギリスに行ったのもこの頃だ。僕の中にはさまざまな刺激が溜まりに溜まっていて、「それを放出したときに何か面白いことができるんじゃないか」という、たびたび沸き起こるつかめるかも分からない未来のようなものが生まれていた。

そうしてすっかり音楽活動に没頭していった僕は、4年の終わり、「将来的に、CDよりも配信がスタンダードになっていく」というテーマで卒論を書いた。サブスクリプションサービスのようなものはまだなかったが、当時はCDのコピーや違法ダウンロードにより、売上が低迷している側面があると感じられた。あくまでそこを切り取った卒論ではあったが、インターネットの普及と共に出会える音楽の未来もはっきりと見えていた。さまざまな分野においての国際化を学ぶ場所にいるにもかかわらず、経済と音楽を無理やり結びつけるくらいやばいやつになっていた僕が、音楽を捨てて別の分野で就職する選択肢を選ぶはずはない。

大学を卒業した僕が、既に出来上がっていた「自分の居場所」に進むのは、自然の流れだった。

熱を帯びていたあの頃

2002年に凛として時雨を結成し、2008年にソニーからメジャーデビューするまでの間、僕たちはインディーズとして活動していた。

2000年代中盤のインディーズシーンは、今ほどメジャーとインディーズが密接に繋がっていなかったと思う。少しさかのぼると、Hi-STANDARD、ELLEGARDEN、BRAHMANなど、インディーズレーベルでもメジャーを凌駕するほど大ヒットしていたバンドが台頭していて、「自分たちの音楽を貫き通しているのはインディーズ」という見られ方をしていた。実情が分からない中で漠然と生まれているその〝インディーズ〟は尖っていて、時を経ても「メジャーは大人の言いなりにならなければならない」というイメージが、少なからず僕たちの中にもあった。ただ、時代の流れと共に、メジャーには9mm Parabellum BulletやTHE BACK HORNのようなエモーショナルなロックバンドも増え、その垣根は少しずつなくなっていく過渡期だったのかもしれない。
今でこそ、誰がメジャーで誰がインディーズかということを意識しなくなっていることもあると思うが、当時は、音楽ファンが「メジャーデビューはださい」「遠くに行ってしまう気がする」というイメージを抱きがちだったと思う。それは少なからず今でもある風潮だと思うが、自身もその真っただ中にいると、わざわざ「メジャーでやってみたい」という気持ちは浮かんでこないものだ。インディーズでライブハウスを軸にステップアップをしていた僕らは、「メジャーになれば売れる」という幻想を持ち合わせていなかったが、関わる人が多くなることへの化学反応を楽しみにしていた。似合わないものには、いつも未開の何かが詰まっている。それがふと自分たちのほうを向いてくるときは、しっかりと凝視して、飛び込むかどうかを何度も考える。

デビュー前の僕たちは、他のバンドと違わず、ライブをして手売りでCDをさばくということが活動の主体だった。売らなければいけないチケット＝ノルマをいつなくすことができるか（ライブハウス側からオファーが来るようになるとなくなる）とか、「新宿LOFT」をお客さんで埋められるか、「クアトロ」でできるか、バイトをせずに音楽だけで食べていけるか……といったことが多くのバンドの目の前の目標であり、当然僕らも漠然とそこを遠くから見つめていた。

ある地方ライブで、お客さんの予約が一人も入らなかったことがあった。入り時間にライブハウスを訪れると、鍵は閉まったままだった。スタッフの方に連絡を入れると「これから行きます」と告げられて、僕らはその場で待つしかなかった。数十分待って中に入れてもらうと、昨日のライブとその打ち上げの残骸がそのまま。フロアに落ちていたゴキブリの死骸は、何年も前から横たわっているような憂いを漂わせていた。

謎のツーマンライブに結局お客さんは入らず、フロアには対バンのメンバーしかいない。それでも、ステージ上で発散するエネルギー量は同じだった。今思えば、彼らがちゃんと僕たちを見てくれたのは嬉しかった。

富士山のふもとに近いそのライブハウスで、僕たちの音は誰の衣服に吸音されることもなく、剥き出しの床に反射してライブは終わった。

地方遠征では宿泊のトラブルも多かった。基本的に車移動をしているので、車中泊をすることも多い。

バンドマン界隈では、信じられないほど安いホテルの情報が共有されていた。もっともそんな情報を持っている友達が僕にはいなかったが、中野君は加入前から何度もツアーを経験していたため、さまざまなツアーハックを熟知していた。

一泊2000円くらいの安いホテルを予約したときは、ライブ後に行くと、「連絡がなくチェックインが遅かったため、キャンセルした」と一方的に言われ、既に満室になってしまっていた。なんとか交渉すると「会議室なら」と、広い部屋を貸してくれた。連日の疲れからか、その状況を楽しんでいた僕たちは、会議室のテーブルの上と下を存分に使いながら就寝した。翌朝、首と肩の痛みに襲われながら、騒々しい音と声で起きる。パーティションの向こう側では、ホテルとどこかの企業が会議を行っていた。「『会議室なら空いてますよ』って、会議もする予定だったんだ！」と世の厳しさを感じたが、それすらも笑えるほど、ツアーというものは体力の限界を超越させる魔力を持っていた。

シャワーが水しか出ないなんてざら。漫喫でリクライニングシートが倒れず、直角のまま一夜を過ごしたことや、中野君の友達の家に泊めてもらったこと、心霊系の旅館で怯えながら寝たこともあった。

活動のための資金は自分たちで稼がなければいけないので、僕はかなりの時間をバイトに費やしていた。人生で一度だけ途中で辞めたバイトはスーパーで、理由は練習に使っていたスタジオが求人募集を始めたからだった。

スタジオで働けるというのは僕にとっては夢のような出来事だった。すべての時間を音楽の側で過ごせることに、「なんてバンドマンぽいんだ」と心が躍った。

仕事内容はスタジオのスケジュール管理と掃除がメイン。僕は多少汚くても平気だけど、せっかく来てくれる人に失礼がないよう、特に水回りは念入りに掃除をした。

音楽を作る、鳴らす環境はとても大切だと思っている。それはきれいか汚いかだけではなく、そこでどんな音を鳴らせるか、鳴らそうと思えるかが、きっと人それぞれあるのだ。今ではそのスタジオはなくなってしまったが、ファミリー向けの商業施設の奥の通路になぜか設置された音楽スタジオは、当時僕たちが使っていた他のスタジオとは次元が違うほど広く、きれいだった。

あまりバンドイメージにはそぐわないが、人のことも、人と話すことも好きな僕は、接客業が好きだった。MCでは喋らないのに、と言われてもそれはまた別の話である。受付も掃除も長時間の勤務もまったく苦ではなかった。商業施設の閉館時間が21時、その時間を超えて予約が入った場合は、時給が夜間料金になる。あの頃はまだ通常の時間帯で８００円、夜間になると１０００円ほどにアップした。今となっては８００円なんて信じられないだろうし、１０００円は普通かもしれないが、閉館間近に電話が鳴ることをいつも祈っていた。

16時に入って、お客さんが帰るまで働くのが日課。バイトでも音楽や音楽仲間と触れ合えることは嬉しかったし、時雨のレコーディングにも幾度となく使用させてもらった。インディーズデビューとなったアルバム『#4』は、埼玉にある公民館と、このスタジオで録られたものだ。演奏者が2人までのときだけに許される「個人練習」という料金で、1時間を1000円ほどで借りて録音をした。

深夜のシフトの際、受付に貼り紙をしてこっそり歌の録音をしていたこともある。貼り紙を見たお客さんがスタジオに入ってきたときに、聞かれてもいないのに「あ、今マイクのチェックをしてまして」と、どう考えても歌っていた僕が、妙に焦りながら答えたのは奇妙だっただろう。

普通の時間に予約をとればいいものの、衝動的に出てくる欲求が抑えられないときがある。この本を書いていてもそうだが、頭の中で思い浮かんだ言葉や思考は、その後にふっと消えてしまう。運良く思い出せることもあるが、大体は脳の水面に一瞬浮かんでもう見えない奥の底へ沈んでいってしまう。それを思い出せないなら大したことではないと言う人もいるだろうが、僕はつかめなかったことへの後悔が大きい。水面まで上がってきたものなら、本当はすべてつかまえておきたい。

朝までバイトをして、その後に行く大学の授業の合間には、友達とエフェクターの話をしていろいろな妄想をする。大学を卒業し、母親の反対を押し切って音楽一本の道で歩みはじめてからは、ますます音楽が僕を浸食していった。寝ても覚めても頭の中は音楽に支配されていた。その洪水の中で必死に何かをつかもうとしていることがすべてだった。

こうして書き出すと、インディーズ時代の6年間は客観的に見てもかなり大変だったと思うし、今やれと言われてもできないだろう。でも、「音楽がやりたい」と思ってこの世界に飛び込んでいた僕は、ずっと夢の中にいるような感じだった。自分が選んだ道を歩んでいる以上、この過酷さは当たり前で、とにかく夢中で毎日を過ごしていた気がする。

最近、朝まで自分で映像編集をしていても思うけれど、「それ別に自分でやらなくてもいいじゃん」って言われることも、僕は「自分がやらなきゃ」と思ってしまう節がある。

もし僕がいつか、それらをすべて人に託すようになったら、「あの頃は全部やってたな」って思うだろうし、誰かに託した分、自分は何か違うことをやっているはず。

いつも大変な状態を自分で作るM体質ってわけじゃないけど（笑）、性格上、自分が欲しいものを得るためには、やっぱり近道はないのかなあと思ったりもする。

どんな険しい道でも、それは自分で選んだ道。その旅路を楽しめるかどうかは自分の考え方ひとつなのかもしれない。

J-POPと僕

僕はメロディアスな音楽が好きだ。昔からずっとそうで、今もピアノを好んで聴くが、好きなメロディーが存在する曲しか聴かない。そんな僕の音楽的趣向は、最初に触れ合った音楽が一番大きい。

家では父の影響でフォークソングや歌謡曲、J-POPがよく流れていた。小田和正さん、南こうせつさん、中島みゆきさん、松山千春さん、山下達郎さん、サザンオールスターズなど、1970〜90年台に人気を博した歌謡曲は自然と耳に入っていた。そこから、尾崎豊さんやCHAGE and ASKAなどそれぞれ細かいジャンルはあれど、J-POPと呼ばれるものへとシフトしていく。

中には洋楽もあったと思うが、僕の記憶に残っていないということは、それほど家では流れていなかったはずだ。幼い僕にとって、「英語の歌が難しい」という感覚が、多分ビートルズやカーペンターズにすらあったのだと思う。もう少し年齢を重ねてからは洋楽も聴くようになったが、最初に音楽への興味を抱かせてくれたのは、明らかにフォークや歌謡曲、J-POPのメロディーだった。

歌謡曲は、メロディーが引き立っているものが多い。音楽を聴くとき、歌詞に共感を得る人もいる一方で、僕は明らかに音の響きで好きな曲を選別していた。

僕が中学生、高校生の頃は、いわゆるオリコン全盛期。テレビは今よりも音楽番組が豊富だった。僕は、親の聴いていた音楽を受動的に聴くことから、テレビから流れてくる音楽を能動的に聴くようになっていった。

家族旅行のときには、好きな曲を集めたカセットテープを徹夜で作り、車の中で聴くのがお決まりだった。僕制作の刺激的なJ-POPプレイリストが、A面からB面、そしてまたA面とエンドレスに続く。

あの頃、LUNA SEA、B'z、GLAY、L'Arc〜en〜Ciel、Mr.Childrenなど、ミリオンセラーを出すモンスターバンドが次々と現れる一方、小室哲哉さんや小林武史さん、つんく♂さんなどのヒットメーカーも台頭していて、インパクトのあるイントロとメロディーがリスナーの心もチャートもすべてをつかんでいた。

声と言葉、楽器、それぞれが相性良く絶妙な重なりをして、際立つメロディーが奏でられた結果、僕たちの琴線に触れる。その中でも僕は、ギターが際立つものに自然と耳が傾くようになる。新譜が出ては、そのギターソロをチェックする。すっかり音楽に魅せられた僕は、心を惹きつけられた曲を手当たり次第にMDに詰め込んだ。時代は、カセットテープから曲順も名前も変えられるMDへと進化していた。

おそらく、レコードやカセットテープが定期的にブームになるアナログのリバイバル。きっと、そんな盛り上がりは今後見せることはないであろう、短命に終わったデジタルメディアが、僕の青春を記録していた。アーティストにこだわらず、好きなメロディーの曲がバラバラと入ったMDを、繰り返し聴いた。何度も何度も。

今では当たり前になった移動中に音楽を聴くという行為すら、当時の僕には革命的で、目の前に見えている景色と耳の中で鼓膜を揺らす音楽が、脳内の意識を引っ張り合う——その感覚が、僕を常に震わせていた。

いやいやながら習っていたピアノを使い、歌本を元にJ-POPを描くなぞっていた頃は、自分がプレイヤーとして何かを表現したいという気持ちはまだなかったが、結果的に見ると、自分を音楽の道に導いたきっかけの大本は、そこにあるのかもしれない。家に楽器があったというのももちろんそうだが、「楽器をプレイする」ことと、「楽曲を弾く」というものを結びつけてくれたのがJ-POPなんだろう。「楽器が弾きたかったわけではない。あの曲が弾いてみたい」という方向に自分の意識を持って行かせてくれたのが、結果的に今の自分に繋がっている気がしている。

当時聴いていた音楽は、今聴いてもものすごくメロディアスだ。最初に音楽を聴いてからはものすごい年月が経ち、たくさんの楽曲を聴いてきた。それでもやっぱり、あの頃脳裏に焼き付けられたメロディーは、今も僕の中に根強く存在する。

サブスクリプションサービスでいつでも聴くことができる現在、僕は少しの間、なかなか自分のノスタルジーに手が出せないでいた。気軽に聴けるようになったときに、あの頃自分に見えていたものが薄れてしまうのが怖かった。さかのぼることができない時間と音楽と匂いを、今の景色で上書きしてしまう気がしていた。

それでも最近、「あのときこびり付いた記憶は永遠に消えない」ということに気付く。信じられないほど大きな得をした気分だ。たったふたつの耳が、身体も記憶も匂いまでも、すべてを呼び覚ましてくれる。

僕は、凛として時雨の核はJ-POPだと思っている。

過激に鳴り響くギターや突き刺すような高い声、そして激しいドラムにコーティングされることで、プログレッシブでオルタナティブなロックに聞こえているだけだ。いろいろなものを削ぎ落としていくと、そこには紛れもないJ-POPが姿を現すのだ。多分ね。

いつかSMAPに楽曲を提供したときのこと。「日本を代表するグループが僕の曲を歌うとこんなにポップになるんだ」と、撃ち抜かれた衝撃があった。キーは僕が作ったデモより1オクターブ近く下がっていて、歌い方ももちろん、僕に比べればソフトで丸みを帯びている。エッジーなサウンドにするために弾いていたギターの音量も、最終的なミックスではかなり下げられていた。

詳細が知らされないまま、さまざまな物事が進んでいくのは、自分にとって初めての出来事だった。いつもは楽曲の細部まですべてを確認してから完成形にたどり着く僕が、このときは発売直前まで何がどうなっているか分からないまま進行していた。

発売直前に送られてきた完成音源を聴いた瞬間、僕は提出したデモとまったく違うサウンドに驚いた。なぜかたまたまショッピングモールにいた僕は、すぐに持っていたイヤホンで確認をする。当然ながらアレンジを施していないのもあり、自分が選ばないサウンド感やバランス感が連続するのは新鮮だった。

これは、社長にミックスをやり直させてもらった時雨の2作目のアルバムのときの感覚に近いものがあった。自分の音のようでいて、自分じゃないような。ただ、それは自分の作品。すぐに自分が「デモ」という確かな幻想を、楽曲提供に持ち込みすぎていることに気付いた。自分が表現しようとしている全体の輪郭ばかりに耳を向けてしまっていて、SMAPによって、同じメロディーが自分のそれとはまったく違うポップス感をもたらされていることに、最初は気付けないでいた。

自分が生み出したときの衝動を追いかけすぎて、そのものが放っている輝きに気付くのに時間がかかってしまうのは悪い癖だ。でも、直す気はない。追いかけすぎたからつかめたものが、僕の音楽の中にはたくさんある。他者から見ると曲がりくねって偏った視点は、僕の音楽を真っすぐに見ている。

生み出した最初の種に固執し続けていた僕は、このとき、自分の声では表現できない壁を思い知らされた気がした。エッジーかそうじゃないかなんて凌駕するほど、聴く人すべてを飲み込んでしまう歌だった。自分の歌に足りないものを見せつけられたような感じがした。自分が作った楽曲だからこそ余計に。自分が作ったものが、ボーカリストが変わることによって、こんなにもポップスの側面を見せられるようになるんだということが衝撃だった。

「JPOP Xfile」という曲を作ったとき、「自分の曲はJ-POPだ」という旨を、インタビューで話したことがあった。しかし、インタビュアーにはまったくそれが伝わらず、「J-POPを暗に批判してるんですよね？」というような趣旨のことを冗談交じりに言われた。

「違います！　J-POPは大好きですから（笑）」

そう訴えても、どうしても皮肉を言っているように思われてしまう。

今思えば、あの頃の時雨のスタイルからして、「J-POPが好き」という発言が皮肉に聞こえても仕方がなかったのかもしれない。ただ、それは紛れもない事実だった。

僕が345に「とにかくJ-POPと叫んでくれ」と頼んだ曲だった。

僕は歌うべき人間ではない。

元々ギタリストだった僕は、常にそう思っている。諦めているわけではないし、卑下しているわけでもなく、僕は真実としてそれと向き合っている。

ただ、凛として時雨には僕の声が必要だという、たったひとつの理由だけが、僕をボーカリストとして繋ぎ止めている。

家族で行くカラオケで歌うのが好きだった僕は、いつしか人前で歌うことが苦手になり、そしてまたマイクの前にたたずんでいる。

「こんな歌と声だったら無理だよ」

バンドの活動をふと思い浮かべるときに、何度も潜在意識がそう囁いてくる。根底にそういう思いがあるからこそ余計に、誰かに楽曲を提供したとき、その曲が生まれ変わる喜びを噛み締めている。僕の中にはこんなメロディーが、楽曲が鳴っていたんだ、と初めて手につかむことができる。

僕は「僕が生み出したものがどう鳴るべきか」を、今でも自問自答している。ソロの楽曲になった「katharsis」で歌った言葉――「僕じゃなきゃ」「僕じゃダメだ」「僕じゃなきゃ」がループする――は、いつも心の中にある。

第 3 章

透き通った混沌 －Chaos－

新しい音

ライブをやってみたい。自分の頭の中にある音を人前で表現してみたい。バンドを組んだばかりの頃の僕が、曲を制作する理由はそれしかなかった。

スタジオで音を出す、歌を歌うだけでも、すべてが届かないものと分からないものだらけの輝きで満ちていたあの頃。今はその先の場所にいる――なんてこともなく、なんとかつかめたものとつかめないものの間で揺れているその様は、当時となんら変わりない。

アコースティックギターを弾いて、錆びた弦に色が見えたあの瞬間。感電するかもしれないと怯えたエレキギターの、アコースティックギターよりも遥かに感触のない弦から放たれる稲妻のような音。あまりにも貧弱で個性のない自分の歌声。

あの頃、理想と現実の境界線すらまだ生み出されていない僕の中に映し出されるものはいつも剥き出しで、「自分が通ったことのない、見たことのない道を見つけたい」という、今まで感じたことのない欲求と共に音楽に取り憑かれてしまった。

「見たことのない道」をいくら探したとて、普段の生活では、せいぜい少し違うコーヒー屋さんに寄ってみるくらいがイレギュラーの限界。音楽を除くと、唯一その感覚を覚えるのは、ファインダーを覗きながら海外で見たことのない景色を一心不乱に探す瞬間だけかもしれない。

荒野にポツンと建つ城、鬱蒼と生い茂る森の中に潜む透き通った湖、オレンジ色にライトアップされたレンガの街並み。あの丘を越えたら、この角を曲がったら、もっと美しい光景が見えるかもしれない。それを目にしたとき、僕の心はどう変化するのだろう。淡い期待に駆り立てられて、目的地も決めずに歩を進めた先で、目に映った景色に僕の心は強烈に揺さぶられ、思わずシャッターを切る。

だからロシアのウラジオストクを旅したときは、海辺にあるトカレフスキー灯台から、真っ暗闇の中を携帯のライトだけで歩いて帰る羽目になり（正確には暗闇の中でタクシーに乗る勇気がなかった）、フィンランドのフィスカース村でも、宿のあるヘルシンキへ戻るためのバスの時間をゆうに超え、人生で最初で最後であろうヒッチハイクをすることになった。

「あなたのこと数時間前にも見たわよ」

延々と暗くなる林道を歩いている僕を、小学生の息子を迎えに行った地元の女性が、行きも帰りも見かけたからと声を掛けてくれた。

新緑が芽吹くこの時期のヨーロッパの日照時間は魔性だ。あと少し暗くなったらこの景色がどう変わるのか。今帰れるかどうかよりも、目の前に映し出されるその先の風景の変遷が僕を動けなくしてしまう。

帰途、気付けば足は鉛よりも重く、ホテルに戻ったときには、ベッドの上から動けず屍になっているようだった。目的の場所がないはずなのに、何かを極限まで求める僕の旅は、時差ぼけを遥かに超越した、もはや創作活動のひとつなのかもしれない。

楽曲制作においても僕は「こういう曲を作りたい」という明確な理由はなく、ゼロの状態から動きだす。ゴールが分からないままひたすらに暗闇の中を歩き続け、目の前に立ちはだかった扉を開けては閉めるを繰り返している。

目的地が見えているのか、いないのか。

よくインタビューでもそんな話になるが、いまだに自分の頭の中がよく分からない。だからこそ僕は、唯一見える「違う」という感覚をとても大事にしている。脳が拒絶する反射の中に、自分の求めるもののすべてがあるはずだから。

これでもない。
この音でもない。
この道はもう知っている。

好きなものがそんなに多くない僕は、手探りでたどり着いた扉を開けても、「またここに来てしまった」と落胆することばかり。

〝らしさ〟と〝ワンパターン〟は紙一重だから厄介だ。それでも、バラエティーに富んでいることよりも、好きな響きとメロディーを追い求めてしまう。音楽に魅せられたあの瞬間、たくさんの好きな曲をひとつのカセットにランダムに入れた深夜の時間、いつも好きな響きはカラフルでひとつだったように。

いくら好きでも、見たことのある景色を、通ったことのある道を、もう一度なぞりたいと思えない僕は、いくつもの扉を開け続けながらもがく。求めるものはひとつなのに、たどり着いた場所で落胆し、さらに求める。

それは、行き先が違う飛行機に乗ったはずなのに、空港から街へ、もっと遠くの街へと写真を撮り続けていくと、たどり着く場所が同じになるような錯覚に陥るのと同じだろうか。もしくは、「あんなに苦しい思いをしたのに、また同じような人と付き合ってるの？」と、毎回恋愛に苦労する友達を見るのと同じかもしれない。いや、違うか。

ギターでどのポジションを弾いても、なんだかもう弾いたことのある景色に感じてしまうのは、20年もの間、音楽を制作し続けているゆえの既知感だろう。その中で、僕は自分自身が納得できる〝新しさ〟をちゃんと感じられる〝新しくも古くもないもの〟を求めている。

けれど、自分が作ろうとしているものを言語化すればするほど、自分への懐疑心も強くなっていくのはなぜだろう。新しいものを作るなんて簡単じゃないか。通った道を通るなんて容易なことじゃないか。だとすれば、自分の行き先を阻むのはなんなのか、いまだに分からずにいる。

誰もやっていないことをやりたいという大それた夢があるわけではないし、何かのパイオニアになりたいわけでもない。プログレって言われたこともあったけど、極端に激しい構成の音楽が好きなわけでもなかった。

「この音じゃない」「この音じゃない」「この音じゃない」「この音かもしれない」という扉の開け閉めを繰り返し、それらを並べたときに、気付いたらひとつの楽曲が出来上がっている。その摩擦の連続が、自分の求めている場所と音楽そのものになっているような不思議な感覚だ。

一曲を生みだすまでにそれほどの手間がかかるのだから、アルバムを一枚作るときは途方もない量の扉を開けることになる。

「ちょっと待って。今いいフレーズが浮かんできた」

そう何気ない瞬間に音楽が降ってくる人を、ときどき羨ましく思うこともある。もしかしたら、そういう人たちのことを〝天才〟と呼ぶのかもしれない。

でも、残念ながら僕には、美しいフレーズも、クールなサウンドも、きれいなワードも、天からぱっと舞い降りてくることはない。期待を胸に天を仰ぐことも、僕は諦めた。

だから、頭の中の意識を掘り起こし尽くして、なんの余白もなくなってしまって、「もう永遠に曲を作れない」という状態が完成形だったりする。僕の中に「おまえ、頭の中にまだ何か残っているだろう?」と詰め寄る余白の悪魔が現れるうちは、完成とは程遠い。

果てしなく見えない霧のかかったその場所に、ピントはなぜかしっかりと合っている。僕の音楽はいつだってゼロから始まって、ゼロになって終わる。

孤独

音楽制作は時間をかければいいというものではない。

この本を書くために何時間費やしたかも分からないけど、僕の場合、文章やインタビュー原稿のチェックは、時間をかければかけただけ、少しずつ進むことができる。2時間経っても2時間前と同じ場所にいることはあまりなく、最終的には自分との対峙ではあるものの、そこには必ずインタビュアーやライターなど、他者との「会話」が介在している。

投げかけられたものに自分を投影させるのと、真っ暗な箱の中で自分自身を照らして影を映し出すのは、こんなにも感覚的に違うものなのかと。音楽や歌詞ともなるとふっと思考回路が止まってしまう。

いや、止まっていると思ったのは大きな誤解で、きっとフルを超越した超フル回転なんだ。「生み出せるかどうか」だけで判断をしていて、僕も常日頃、曲を作るのに多くの時間を費やしていると思っていたが、そこには生み出すかどうかのストッパーがあることに気付いた。生み出したフレーズに対してYESと言わない不感症の自分がいる。常にアップデートされていくその番人が、首を縦に振るまでひたすらバッターボックスに立つ。

そのボーダーラインは絶対的なクオリティーとは違う意味で、人それぞれだ。「あ、それいいじゃん」で、波に乗るように島にたどり着いてしまう人もいる。ただただ、羨ましい。僕にももちろんそういうパターンのときもあるが、波に乗ってたどり着いた島が、自分が求めていた島なのかを何度も確かめてしまうのが僕だ。勢いは時として大事だけど、波を知る前の僕が、求めていた以上の場所にたどり着けているのかがもっと大事だ。

「勢い」や「時間の経過」の中で、何かに誤魔化されてしまっていないか。

その時間は誰とも共有できないことを、いつも忘れないようにしている。「これだけやったから」というまやかしが、時としてなんでもないものを大きく見せてしまう。その魔物に取り憑かれないようにしていると、制作を始めたゼロの場所からまったく進めずに一日が終わってしまう。

僕は、楽曲を作るために、全部の扉をひとつずつ開けていくタイプだから、「扉を開けて、中に何もなくてからっぽだった」というのをひとつずつ確認しないと、次に進むことはしない。

一見無駄にも見えるその時間が、次の一瞬を、正解への道筋を生みだしているところがあるし、それが自分のスタイルだと理解はしている。それでも、一日の終わりに自分が作ったいまいちなフレーズを聴いて、「今日、このフレーズのためだけに一日を過ごしてしまったのか……」と、打ちのめされることは多い。いや、ほとんどそんな日ばかりだ。

その膨大な時間が何かをつかむ一瞬を生み出していることを、誰よりも理解しているのに、「それだったらあのカフェでパンケーキを食べて、コーヒーを飲んで、雑貨屋さんで好きなデンマークの家具の前でたたずんでいたかった」なんて、叶いもしない夢の残骸に襲われたりする。「もしかして天才だったら、パンケーキを食べながらでも、家具を見ながらでも、メロディー生み出しちゃうの?」と妄想の残骸に襲われたりする。襲わないでくれ。というより想像力よ、そこを豊かにしないでくれ。

今日、自分は何を成し遂げたのか。
明日、自分は何をするべきか。

バンドにしてもソロにしても、基本的に僕は一人で曲を作るので、スタジオに一人籠った日の帰り道は、そんなことを考えながら大きな孤独感に苛まれたりもする。帰り道にすら、なかなかたどり着けないけど。

例えばすべての作品をメンバーみんなで作るとしたら、マネージャーが同じスタジオにいるとしたら、制作という作業を経て何も生み出せなかったとしても、作れなかった時間の共有は生まれるかもしれない。

でも、一人で完結する場合は「曲ができなかった」という事実しか残らない。本当は一週間ハワイでバカンスを楽しんでいて、「めちゃくちゃ頑張ったんですけど、できませんでした」なんてことも言えるくらい、その時間は自分にしか見えないものだ。いや、むしろ日焼けという確かなものを手に入れることにおいては、そのほうが有意義かもしれない。

その膨大な時間が後に訪れる一瞬を作ることをどこかで知りながら、目的地は未知のまま。そこに立っているときは永遠にどこにもたどり着けないイメージだけが、僕を包み込んでしまう。

だけど、その孤独を打破できる方法はおそらく存在しない。誰かが隣にいてくれればいいということではないし、誰かが助けてくれるものでもない。そして、その孤独を満たすことが正解ではないというのも知っている。

もちろん僕も、ピアニストやエンジニアなど、音楽的、音響的な知識のある方と一緒に制作をすることもある。彼らは僕より遥かに専門的に、理論的に音楽と向き合ってくれる。おかげで、スムーズで健全な「時間」を手に入れることができるのだ。

ただ、僕はそこで生まれるひとつの波に飲み込まれないようにと立ちすくんでしまう。さまざまな解決策が僕を助けてくれるのに、どこかその流れに身を任せている自分についていけなくなることがある。正確にはついていかないようにしている、とも言えるだろうか。

人が集まれば、自分とは異なる観点が必ず存在し、新たなジャッジが生まれる。これは一人きりでの制作に比べると魔法のようなものだ。生み出す立場から選択する立場になると、見える角度が変わって、見晴らしが良くなる感覚がある。最高の料理人が、培ってきたものの中でぴったりな調理の仕方を教えてくれるように。それは決して押しつけがましいものでもなく、ぐっと僕の中のアクセルを踏んでくれるような頼もしい魔法だ。

その魔法は、自分が自問自答しながら選択するものに比べて少しだけ緊張感をほぐすと共に、作品のカーブを緩くし、僕の中にはなかった可能性を切り拓いてくれる。

それでも僕は、それが小さな箱の中で行われているキャッチボールになっていないかを常に考えてしまう。

孤独な作業が誰にも見えないのと同じように、他者との交わりの中で生まれる大きな波もまた、簡単には見えない。お店で一目惚れして試着もせずに買ったセットアップが、家に帰って着てみたときには、まったくセットもアップもしきれない自分に絶望するあの瞬間のように。打ち上げで盛り上がった話が、後日話した誰かにはまったく何も伝わらないあの虚無感のように。

「感覚はその瞬間にしか生まれないが、たくさんのものに惑わされているはずだ」という分泌液が、脳から出るようになっている。だからこそ僕は、魔法が解けたときにも感動できる一瞬が欲しい。記憶から消えて、もう一度ふとその音楽を街中で聞いたときに、耳が立ち止まるようなメロディーが欲しい。

孤独が生み出したものでも、誰かと生み出したものでもいい。脳の中で永遠のリスナーとして立ち止まっている「何も知らない僕」にどう聞こえるかだけを、ずっと考えている。

不可欠なひずみ

楽曲を作る上で、僕がもっとも大切にしていることのひとつ。
それは、自分が作ったものに自分が興奮できるかどうか、だ。

バンドの始まりの場所であるファーストアルバム『#4』を制作していた頃は、興奮を覚える到達点がもっともっと近くに存在していた。何にも触れていないまっさらな状態は、どの道を選んでも初めて見る景色ばかり。どの方向に進んでもすべてが輝いて見え、目の前にあるものを自然とすくい取るだけのような感覚だった。
ただ、その何を選んでも許されるような状況で、手当たり次第に試したわけではない。自分たちの音はどう聞こえるのか。まだ右も左も分からない中でも、「自分のイメージにぴったりと合致する音を作らないと、まわりには正しく伝わらないかもしれない」という恐怖は、僕にとってなくてはならない必要悪だった。

凛として時雨の色を決めるファーストアルバムだからこそ、僕はより神経を尖らせて、理想の音楽を選択していった。初めて意識を踏み入れるその未開の地は自由でいて、何度も完成まで繰り返されるトライ&エラーはあの頃から確立されていた。

時が過ぎるといつも、あたかもすべてがスムーズに生み出されていたかのような錯覚に陥る。白紙のパレットに3人の音を描きやすかったのは確かだが、迷いのない到達点へ向かうためにずっと迷っている。


あれから18年、いくつもの楽曲を作り、演奏し、見たり聴いたりしてきたものの、経験が増えれば増えるほど、初めて通る道はひとつ、またひとつと減っていく。その狭められた世界の中で、刺激、インスピレーション、モチベーションのすべてが混ざり合った新しい発見を、自分の中から生み出すことができるかどうかが、僕にとってはもっとも大事だ。

自らが選んだ最高の檻の中でもがき苦しむ。僕がここで言う「苦しみ」というのは、一般の人が想像するそれとはまったく異なっているような気がする。それは、いつか大学を卒業したときに向き合った、好きな道を選んだときに立ちはだかると想像していた壁そのもの。決してただの苦しみを意味するのではなく、脳内にある〝全財産を懸けてたどり着きたいもの〟へのチケットみたいなものだ。

僕は、僕がどんな新しいものを生み出せるかを、それをメンバーに聴かせる瞬間を、楽しみにしている。デモであれ、新しい楽曲を聴く瞬間は世界でたった一度だけ。それを最高のものにするためなら、どんな険しい道だって厭わない。自分が生み出した音楽に対して、今まで感じた刺激や興奮をどこまで得られるか。途方もない孤独と対峙しながら、それらを感じられる音だけを集め、僕は世に送り出している。


世界から隔絶されているような危うさをはらむ道を、一人で進み続けて見つけた音。それらを繋ぎ合わせてやっとのことで曲が出来上がると、次はレコーディングとミックスが待ち受ける。そのとき、僕の前には再び扉が現れる。目指す音像を損なわないため、理想のイメージを正しく具現化するため、僕は自らミックスを手がける。

作品と自分のモードによって、近年では人にお願いすることも多くなったが、頭の中で途中まで仕上がっているイメージを人を介して完成させることは、どちらか一人だけで完成させる場合よりも遥かに難しい。自分の頭の中で鳴っている音像に対して、僕がミックスをすることがもっとも近道なのは分かっているが、どこかでそれをさらに上回ったものを、プロのエンジニアとのコラボレーションの中で作ろうとするときもある。

僕が手がけることで失ってしまうものと、僕にしか作れないもの――。

それらを、常に頭の中で天秤にかけているのは、自分のボーカルに対する思考回路とまったく同じだ。

同じコーヒー豆でも、慣れ親しんだ自分の適当な淹れ方をしたものと、プロのバリスタが淹れるものは別物だ。でも、それはもしかしたらとんでもない勘違いかもしれない。美味しいと感じるのは、レトロな喫茶店のあの空間だからかもしれない。あのヴィンテージカップだからかもしれない。フラットに目の前に出されたとき、洗練された味が自分の理想かどうか、人の心に刺さるかどうかは、別問題だ。

僕たちは、なんの装いもなくテーブルの上に音楽を差し出す。純粋なその音が、どのような音色で、バランスで鳴らされるかだけを、凝視しなければいけない。だからこそいまだに正攻法なんてものはなく、毎度揺れている。

「独学で学んだ自分の音作りがプロに敵うはずがない」というコンプレックスが根底にあるからこそ、いまだに音の構築の仕方については試行錯誤を繰り返しながら、さまざまなやり方を模索している。コーヒーの例を出したが、コーヒーに関してはプロの方が淹れたほうが絶対に美味しいのは分かっている。あくまで音楽というジャンルにおいて、僭越ながら僕は登場する、ということを覚えておいてほしい。

美しい音、クオリティーの高い音を作るには、マイクやケーブルなど、いい機材をそろえることがセオリーだ。僕もエンジニアから多くのノウハウをもらい、さまざまな手法を試してきた。

だけど、人が何かを耳にする瞬間に、もっともスピードが速いのは、音の質ではなく音楽そのものの形だということを、痛いほど感じている。いい音が悪いわけでも、その逆でもない。その曲に対して滲み出るエネルギーを放出させる音像というのが存在している。いろいろなバランスの中で、その楽曲に対して何がベストな選択かを何度も試行錯誤する。

メジャーデビューをした2008年。随分と高級なソニーのスタジオで「moment A rhythm」という楽曲を録った。正確には録音もミックスもしてもらった。余分な残響も混じり気もない、音楽に対して不協となる要素が一切削がれた完璧な音像だった。

自分で書いていてうんざりするが、僕たちはメジャーデビュー一枚目としてその音を使わずに、リファレンスとして作っていたデモを元に再構築した。その音は、かつて僕がバイトしていたスタジオで録音されたデモだった。デモと言っても、録音用の機材が整っていないスタジオに、すべての機材を持ち込むという大変なレコーディングだった。それでも40畳ほどのスタジオで録ったドラムの音が、僕はベルリンのハンザスタジオでのそれと同じくらい好きだった。

16分50秒ほどの一曲と、写真のブックレットで発売された僕たちのメジャーデビューシングルが、どう受け入れられたのか。詳細は後述するが、あのときのブックレットには、時雨を結成する前に行ったオックスフォードの風景も収められている。「もっと大きなブックレットにしたい」という願いは、さすがにソニーには受け入れてもらえなかったが、それでもバンドとしての新たなスタートに、僕はさりげなく音楽の原点を添えた。


ひずんでいるか？

ひずんでいないか？


僕は壊れる寸前の透き通った音が好きだ。美しさと狂気のちょうど間にあるその透き通った音を常に探している。どの機材にも、どのスタジオにも、どのエンジニアにも約束されていない、その曖昧で透き通ったひずみが、僕のいびつな音楽を存在させてくれている。

僕はそれを、いつも最後の最後でまぐれでつかむ。そして振り返ると、ふっと来た道が消えて、僕はまたからっぽになる。

ベルリンの一閃

2013年、僕はベルリンを訪れていた。

その少し前に、僕はPolarisのオオヤユウスケさんと対談をした。オオヤさんはベルリンに移住していて、仕事で帰国していたタイミングだった。

「ベルリンはすごく芸術に寛容な街でさ。絶対に刺激になるよ」

元々ヨーロッパが好きで多く足を運んでいた僕は、ベルリン在住だったオオヤさんと対談が決まった時点で縁を感じて、ちょうどそのときに迷っていた旅先をベルリンに決めた。対談の数日後には飛行機で発つ予定なのに、滞在場所も何も決まっていなかった。


同じ頃、僕は海外でのレコーディングを視野に入れるようになっていた。

「日本は湿気が多いから、乾燥している国で生まれた楽器は、日本では本来持っている音が出ない」「ロサンゼルスはからっとした天気なので、楽器がよく鳴る」「海外は電圧が……」といった会話が、楽器店の人、楽器に詳しい人の間では、当然のように繰り広げられている。頭の片方では理解しつつも、「じゃあ日本でも湿度を調整したら、電圧を昇圧すれば、同じになるんじゃないの？」なんて、片方では疑いの目を向けていた。

本当のところ、そんなことはどうでも良かった。どこかへ飛び出して、新しい音を見つけに行きたかっただけだろう。気付けば一人分の飛行機のチケットを取っていた。ヨーロッパの行き先候補をぐるぐると眺めながら、いろいろな想像をするのは、至福の時間だ。大した目的地もないくせに、ストリートビューで自分がファインダーを構えるイメージをしたりもする。散々Google協賛の妄想ストリートトリップをした後に、僕はベルリン行きを決めたのだ。

滞在場所にはピアノのあるシェアルームを選んだ。そこは友人同士の女性オーナーが2人で暮らしている家で、芸術に理解のある2人は僕に快く空き部屋を貸してくれた。

海外と音楽にまつわる数多くの情報に対して半信半疑ではあったものの、もしもインスピレーションが湧いたらその場で作りたい。ピアノがある場所を選んだのはそういう理由だった。

過去に何度かそういうトライをした経験から、海外に足を運んでいるときに曲を作る難しさも知っていた。それは、ホテルの外に出れば知らない景色で満たされているのに、その場所に出て行かず、部屋の中で音楽を作る妙な矛盾に耐えきれなかったからだ。

特に初めて行く国では、僕はとにかく滞在初日からフィルムカメラを持って街を隅々まで歩き回る。つまり、わざわざ新しい景色を求めに行っているのに、部屋の中で何かを作るという気になれない。それでも、当時の僕はもう、ベルリンに行くことと音楽を作ることはセットで考えていたのだと思う。

憧れの乾いた空気に、緑と黄色が鮮やかに散り合っている10月のベルリンは、あまりにも過ごしやすい季節だった。メインの大通りからかわいい路地を抜けて、重厚な扉を構える建物の最上階が宿だった。窓際に設置されたオイルヒーターが首を長くして冬を待ちわびているかのように、気持ちのいい気候だった。

ベルリンは街としてとても完成されていて、派手すぎず、重すぎず、森や湖や川などの自然が都会と共存している。それでいて、アートやクリエイティブの発信源としての感度の高さが、街の至る所に感じられる。アイルランドの離島や、スコットランドの湖水地方などの現実離れした場所だと、ある意味でシャッター越しのインスピレーションの洪水に飲まれてしまって、すべての瞬間を収めていないと何かをこぼしてしまうような強迫観念に駆られてしまう。もちろんそれは景色が素晴らしいからこそだけど、それに比べてベルリンの街は、何かを創り出すのにちょうど良かった。少しこじんまりとしている街並みの中で、写真を撮ることも音楽を作ることも、どちらもが僕の旅の中に自然とフィットしているような感覚だった。

住人たちがほとんど留守にしていたおかげで、僕はリビングのピアノを思う存分弾き、歌うことができた。初めて海外で弾くピアノの音は、日本で弾くそれとはどこか違う気がした。やはり空気がそうさせるのだろうか。少しの興奮と期待に、曲ができる前、たまに訪れるあの予感がした。

いつもなら〝正解にたどり着くまで扉を開けては閉める〟を繰り返す作曲が、この日はなぜだか、どの扉を開けてもそこには必ず正解があった。

床はアスファルトで、部屋の至る所には開口部があり、遮るもののない最上階には余すことなく陽が差し込んでいた。石畳の上がイチョウの黄葉に染まるのを見下ろしながら言葉を紡ぐ。途中でやめてしまった中途半端なピアノは、難しいフレーズも弾けずに隙間だらけだからか、言葉がすんなりとその中に落ちていく。激しい楽曲では単語数や母音の形にシビアになりがちだが、その隙間にはとても感情が乗せやすい。

僕は気付けば「tokio」という曲を完成させていた。ホストはまだ帰ってこない。窓の外では、路地に点在するカフェバーが蝋燭を灯しながら賑わっていた。

天才はいつもこうして音が、歌詞が降りて来るのだろうか？

その片鱗に触れたような気がして、僕の心はいくらか昂っていた。


この地でできた曲ならば、ここでレコーディングをしたい。バンドならドラムやベースが必要だけど、ソロでピアノの弾き語りなら、僕一人でも完結できる。溢れ出る欲求を制御できることなく、僕はスタジオを探した。何にそんなに駆り立てられていたのかは分からないが、なんとかして映像と楽曲を作って帰りたいという意地に近いものになっていた。

「芸術に寛容な街」と聞いていた通り、ベルリンにはたくさんの小さなレコーディングスタジオがあった。その中から見つけた一軒のスタジオを訪れてみると、ネットで見た通り趣のある建物で、僕はすぐに気に入った。ドラムも叩けるレコーディングスタジオが通常のアパートの中に存在しているのは、日本では信じられない環境だった。

レコーディング卓の背後には大きな開口部があり、イチョウに染まった街を見下ろせる。さっそくレコーディングをしようとしたものの、そこには普段使っているソフトとは違うものしかなかったので、僕は拙い英語で「ずっと録音状態にしておいてくれ」と頼んだ。簡単に言えば、ボイスレコーダーをずっと回したまま、納得のいくテイクを録音するようなものだ。さらに、PCがある部屋とピアノを弾く部屋はセパレートされているため、録音ボタンは一度きりで済ませたかったのだ。ピアノとボーカルは一発録り、三脚を立ててその様子もすべて撮影した。

高揚感のまま録音と撮影を始めたものの、自ら機材を回し、演奏し、歌うことは生易しくはなかった。毎テイク毎テイク、音と映像のチェックをしながら4分を録音し、映像も撮り終えた頃には、3時間が経過していた。

荷物も多く、スタジオでは準備と慣れないピアノ弾き語りで、嵐のようにレコーディングを終えたため、音を細かく確認する時間はなかった。音の違いをしっかりと噛み締められたのは、日本に帰ってきてからだ。

レコーディングの最中にも、もちろんピアノの音に魅了されてはいたが、そもそも僕は、どんなピアノの音にも魅了されやすく、レコーディングにおいては素人だ。そして、スタジオの中で響く音を聞くのと、実際に収録されたものが人の耳にどう届くのかは別の話。帰国して自分のスタジオで改めて聴き直したときに、「あの空気がすべて包み込まれている」ということに、衝撃を受けた。電圧も空気も、楽器の状態も、スタジオの響きもまったく違うので、どこにその要因があるかは分からないが、そんなことはどうでも良かった。そうか、どうでも良かったんだ。あの日自分を突き動かしてくれた衝動と創造とインスピレーションは、あのままの姿で収められていた。それが沸き起こったこと自体が奇跡だった。

音にその場所の空気が宿る。
録った瞬間も、シェアルームに帰ってチェックをしていたときも、まだ自分がその空気の中にいるから分からなかった違いに、海を渡り日本に帰って来て、自分がいつもいる空間に戻ったときに、初めて気付くことができたのだと。

それだけではない。スタジオ、楽器、マイクなど、いろんなオーディオ的要素が重なり、独特な塊になったあの曲。時が経てば経つほど、その異質さはより強く僕の心を揺さぶり、もう二度と追いつけないものとして、どんどん深く刻まれていく。だけど、瞬時にあのときの感覚を思い出せるのはなぜだろう。ベルリンのスタジオで感じたヒリヒリとした刹那の空気が、すべて余さずパッケージされているからかもしれない。

ピアノのみで構成されているからこそ感じられた部分もあるかもしれないが、バンドなら今まではなかった音に出会える。

その確信が、時雨のミニアルバム『es or s』に繋がっていく。

僕が見た景色を誰かにも見せたい。

時雨の3人でそれができたことはこの上ない喜びだった。

「tokio」——僕は遠い地で自分の居場所を覗き込んだ。

tokio

馬鹿みたいだな　この場所はなんか違うって思い始めてきて
欲しいもの　見たいもの　全部思い通りで
クリック一つで世界も買えるんだろうな
一つだけ君にお願いだ　僕が見たいものって何かわかるかな
幸せのガラクタに紛れて　今日も星が見えづらいな

馬鹿みたいだな　この場所はなんか違うって思い始めてきて
輝くものには蓋をしたくなるし
穴の空いたバッグはいつも空っぽなんだ
一つだけ君にお願いだ　この世界に無いもの何かわかるかな
幸せのガラクタに紛れて　今日も僕が見えづらいな

どれだけ自分を追い越しても

朝になれば全てが巻き戻ってさ
手を伸ばせば答えが溢れ過ぎてて
ふいに僕は壊れて迷子になる
見慣れない場所を追いかけて
無理やり僕の居場所を探したりして
ありのままじゃ嫌われる気がして
誰かの中の自分を飲み込もうとしたっけ

変わり果てた時代だなんて
変われない僕にはまだ言えもしないな

なんか不思議だ　この場所は
欲しいもの　見たいもの　全部叶えてくれるのに

リミットとリテイク

ドラマやアニメ、映画、CMなど、作品のテーマが明確に存在する〝タイアップ〟は、何もない状態から楽曲を作るよりも、フレームと外界に向けたコラボレーション感がある。

どの方向にも進める――自由がゆえの見えない中で、自己に対するトライ&エラーが繰り返される普段の楽曲制作に対して、タイアップの場合は、目的地へたどり着く脳内の働きが、同じ部分と異なる部分にはっきりと分かれている。放送上、1分半という制約はあるが、僕の場合は簡単なオーダーのみで、縛られることなく任せてもらえることがほとんどだ。それでも最近は、自由に作っていたモチーフが後にタイアップに使用されることも多く、ほとんど境界線がなくなっているようにも思える。

アニメなら原作漫画をすべて読み、シーズン途中での参加であれば、前シーズンのアニメを全話見てから楽曲を作りはじめる。従って、準備にはものすごく時間を割くことになるが、アニメにしてもドラマにしても、その作品のファンが費やしている時間と少しでも歩幅を合わせる作業を大事にしている。ただ、普段からアニメを見る習慣がなく、本も読めない僕は、物語を自分の意識と重なるほど頭に入れ込むのに時間がかかってしまう。

電子書籍であれば、最初にその作品を見て引っかかった瞬間を大切にしているので、キャプチャーを取っている。作品が馴染んでくる前に、最初に感じた異物感のあるページをすべて留めておきたいから。これは最初に行うのが肝心で、作品自体の理解は何度も読み終えたときのほうが当然深まるが、作品の輪郭に対する違和感はだんだんと薄れてしまう。一口目に変に感じた味がさほど気にならなくなったり、それこそ僕みたいな変な歌い方が癖になったり……(なってない?)。違和感だけでなく、いい部分も同じように馴染んできてしまう。大袈裟に言えば「なんで好きだったんだっけ?」「なんで嫌いだったんだっけ?」というふうに。だからこそ最初に感じるインパクトと、深くまで理解したときに出るディープさを、どちらも楽曲に落とし込みたい。

アニメ『チェンソーマン』のタイアップを制作したときのこと。既にデモでOKをいただいていたのだが、本番の録音とミックスを終えて楽曲を提出したところ、アニメ制作サイドからある部分において「デモのほうが良かった」という言葉が戻ってきた。

通常、デモでOKが出たものが録音を終えてNGになることはほぼない。それが起こらないように、先にアレンジと秒数が揃っているものを渡して確認するからだ。

当該曲「first death」は先方が驚くほど速いスピードで出来上がったが、そのレスが来たのは提出を終え、提出期限も過ぎていた頃だった。レーベルの担当者は「制作サイドとの間に入っている人から今のものでOKをもらって納品しているので、そのまま提出とさせてもらいましょう」と、返答待ちをしていた上でリテイクが来てしまった僕をフォローしてくれた。けれど、僕はその「最初に聴いたもののほうが良かった」という感覚が理解できるからこそ、一度直接話を聞いてみたいと打ち合わせのセッティングをお願いした。

「デモのほうが良かった」というのは、もちろん実際にデモ自体の音のクオリティーが良かったわけではない。クオリティーと一言で片付けられるものではないが、適当に録音したギターが、歌のテイクが、肩の力が抜けていて結果的に代え難い魅力になることはよくある。どれだけいいスタジオで録り直しても、細部まで凝ったフレーズで埋め尽くしても越えられないような。音色的にも、デモ用のマイクや打ち込みのドラムの音が、妙にその楽曲のサウンドを決定づけているときがある。

絶妙に分かりづらいたとえに置き換えるなら、展示会で試着したサンプルを気に入って発注したものの、実際の商品が届くと、どこか、何かが違う、という経験はないだろうか。展示会なんてそうそう行くものではないのは分かっている。

おそらく展示会で出されているサンプルは、実際の縫製をする工場とは違うところで作られていたり、展示会が終わった後に、デザイナーさんがさらなるアップデートを加える場合がある。受注の商品の多くに、予告なく仕様が変わる旨が書いてあるのは、その余白を残しておく意味もあると思う。

最初にその対象物に対して魅力を感じる瞬間というのは、とてつもなく曖昧でいて確かなものだ。だからこそ僕は、他者が「理由は分からないけど、最初に触れた感動がそこにはない」という感情に対してとても敏感だ。僕自身がいつもそこに囚われながら理想の最終形を目指しているから。作り手でありながら、最初に聞いたものの幻想が幻ではないと信じている。

「デモのほうが良かった」という言葉は、単調で安易な感想に見えて、とても本質的な部分だ。僕が音楽を作る上で、もっとも見逃したくない感情とも言える。

多くの関係者を経由するタイアップの制作では、まず自分の中で最大限の作品を作る。あまりないが、時と場合によってはいろいろな人がいろいろなことを自由に言う。最高のものを渡している自負もあるからか、反応がいまいちなときは、こちらもテンションが下がってしまう。

「僕が作ったものの良さが分からないんだな」という思考に逃げてしまうのもかまわないと思うが、ふと我に返る。自分がその作品に必要とされた意味をもう一度考える。「自分の音楽」としてのすべてを備えながらも、作品にすべてを捧げることができるはずだと。それは「自分の作品の形を妥協して、作品に寄り添う」というネガティブな思考とは、まったく異なる。

ごまんといるミュージシャンの中で、僕が作ってきたものに魅力を感じてくれた人を満足させることもできなかったら、ただの親和性のないBGMだ。ダメ出しを妥協と共に音楽にするのか、さらにもう一歩先の何かを描いて戻せるのかは、自分次第じゃないか。

もちろん、許容の範囲かどうかという確固たるラインは存在するものの、今、目の前にいる人を感動させることができなければ、その先の人に伝わる深度だって浅いはずだ。いつかライブハウスで言われた「まずは呼んだ友達を虜にしろ」という言葉も頭をよぎった。

結局のところ、『チェンソーマン』の件は制作サイドと直接話をさせてもらったことで、問題なく着地することができた。人を経由すればするほど、ちょっとしたニュアンスは過剰に大きく、ぼんやりと伝わってきたりする。目指す場所は同じ。直接話せば、とっても小さな要因だったりする。生ドラムが入り、ベースが入り、より作品との親和性を強くしていく中で、デモには入っていなかった1秒にも満たない音が耳に入ってくるときの優先度は変わってくる。無意識に脳はその音を処理し、僕たちは時に選択しながら音を聞く。鼓膜に飛び込んでくるものの順番や大きさ、形そのものの並べ方やバランスで印象が１８０度変わるからこそ、楽器を差し替えただけでもニュアンスは異なってしまう。依頼側の要望をすくい取りながらミックスを調整していき、最終形に落ち着いたが、それほどまでに聴き込んでくれているという信頼感も同時に生まれた。エンディングが毎回変わるという斬新な企画の中で、すべての楽曲に対して全力で向き合っているからこそ気付いたポイントだろう。

時間が許す限り、監督や原作者の描く理想に自分の最大限の理想を重ね合わせるのが、「共に作品を作る」ということ。僕の過去の作品を愛してくれた人に誠意を尽くす、当然の制作スタイルだと思っている。

mixer

僕は自分の感覚をすごく大事にしていて、譲れないものがある一方で、人に意見を求める機会が多い。ただし、誰に聞くのかはとても重要だと思っている。

音楽のことが分かる人、分からない人、ストレートに意見を言える人、言わない人——たくさんの人間がいる。「どうだった?」と何気なく求める意見に対して、相手がプレッシャーを背負うことを忘れてはいけない。

バンド内であればそれは共に背負える部分だが、その言葉の重みを分かっている近しいスタッフほど慎重になるだろう。伝えられた言葉をどう頭の中で咀嚼するかが、自分自身の表現のオリジナリティーを左右する。難解なフレーズが多い曲を聴かせれば「もっと分かりやすくしてほしい」と言われ、ストレートなデモを作れば「フックが足りない」と言われる。残念だが、無責任な感想というのはそういうものだ。「ああ、もうちょっと味がしっかりしていればな」「少し脂っこいな」、僕たちが日常的に感じる、あのどうでもいい一瞬のぼやきのようなものだ。

すべてを無視するのがロックか？
すべてを受け入れるのはポップか？

ただ、そのどうでもいい一言の中に、自分をさらに自分のものにできるヒントが隠されているときがある。投げかけられたものに対して、飼い慣らされるかどうかは自分次第だ。「まわりの意見なんかを聞いていていいのか？」と頭の片隅で思う自分がいる。でも僕はいつからか、試すべきすべての可能性を確かめるようになった。

「いろいろな人の感想を聞いていると、頭の中がごちゃごちゃにならないか？」と尋ねられることもある。もちろん不特定多数の誰かに聞いて、そのすべてを実現しようとすれば、誰にも刺さらず、オリジナリティーも薄れたどこにも行き場のないものが誕生してしまう。断言できるが、それは意見をした誰にとっても最低なものだろう。

作り上げた限界の作品には、その先があるときがある。人が僕の作品に触れる瞬間を、ダメ出しとして、オリジナリティーを潰すローラーとして受け取るのではなく、自分の音楽としてより深くえぐるための研ぎ石のようなものにする。すべての可能性を確かめて、意見を無視することもあるが、僕はどこかで自分が音楽に出会ったときのことを思い出す。僕が耳を奪われた音楽は、「僕」という何者でもないリスナーに刺さった。あのときの僕の心を、今の僕が奪うことができるのかを常に考えている。

僕はすべてを脳内のミキサーにかける。思えば345と出会い、現事務所の社長がライブを見に来るようになり、中野君が加入し、マネージャーが付き、メジャーレコードのスタッフが付いた。相手が一人であろうと、ほんの少しだけ多くなろうとも、どれだけ一人で作り込んだ音楽だとしても、そこには人に聴かせる喜びがある。自分の作るたった数分の時間が、未知の創造をも超えるかもしれない。僕が欲しいのは妥協をした最大公約数ではなく、極限まで突き詰めた最高到達点。

できたデモをメンバーに聴かせるのが好きなように、スタッフに聴かせるのも好きだ。ちょっとしたイントロの音選び、ボリューム、言葉、前後の流れ、些細な微調整がもたらす大きな変化は計り知れない。

過去に、あるアニメのタイアップのコンペに参加したことがある。コンペというのは不特定多数のアーティストからデモを募り、その中から制作側が好みの音楽を選ぶというもの。ただ、この中にもっと確度の高い、指名のコンペというものがある。指名されているので確度が高いのに確定ではない。つまり、曲を作り、歌詞までしっかりと書いたとしても使われるか分からない、という意味を持っている。そのときは、2組のアーティストのどちらかに決めるという、分かりやすい一騎打ちだった。ふたつの別々のお店で同じメニューを注文して、料理が出された上でどちらを食べるかを決める、というなんとも残酷なスタイル……に見えて、僕はそれこそがタイアップ本来の純粋な形だとも思っている。好きなアーティストに頼んでも、その作品にぴったりな楽曲が生まれるかどうかは賭けでしかないからだ。

その作品は僕が普段担当しているものに比べると、広い世代に支持されている作品なこともあり、尖った攻撃的なものよりもポップな側面を求められていたように思う。僕とは一見結び付きそうにない、誰もが知っている作品だからこそ、僕自身はとんでもない化学反応が起きる気がしていた。

いくつかデモを作っている流れで、「もうちょっと簡単なほうがいいんじゃないか」「メロディーが難しすぎるんじゃないか」「高すぎてカラオケで歌いづらい」という意見が出た。「カラオケで歌いづらいのは元からだし、機械で低くすればいいんじゃ……」とも思ったが、一度すべての意見と向き合った。あまり意見が反映されているとは言い難かったかもしれないが、ミキサーにかけ、僕は自分なりのポップさを上手く表現できた、と思っている。

その楽曲は先方にも好評で、間に入っているスタッフの方からは「もうほぼ決まると思います」という言葉までいただいていた。が、その後当初の締め切りを過ぎても過ぎても返答が来ない。

暗雲が立ち込める中、「今回は採用されませんでした」という残念な連絡が来た。それも実力か、となんとも言えない虚無感に襲われた。実は、歌詞まで書いてから採用されないというケースはほぼ経験がなく、すべての作品を理解した上で言葉をはめ込んだ楽曲が宙に浮いてしまった瞬間は、やりきれない気持ちが溢れた。

嵐のようなスケジュールの中、突然声が掛かった案件だったが、「時間がなかったので歌詞は仮です」なんていう逃げ道はなかった。依頼側が最終形態を聴いてから決めたい気持ちも分かるし、それがギリギリのオファーになってしまうのも痛いほど分かる。作品をより大きな波にするためにアーティストに求められるものは、当然のごとく過酷だ。歌詞まで書いてしまうと、その楽曲のイメージや作品に対する愛情が芽生えてしまうため、選ばれなかった楽曲への負い目は底が知れない。

その気持ちにさらに拍車をかけたのは、採用されたアーティストが、コンペを争っていたもう一組ではなかったことだった。

「ほぼ決まる」なんて言葉は安易に発言しないはずだろうから、その言葉は本当だったのだろう。説明を求めても妙に不透明なそのプロセスに、誰もが何か強大な力が働いたことを感じ取っていたようにも思う。出口のない迷路に迷い込んで這い上がろうとしていた自分が滑稽に見える一方で、僕はただ行き場のない喪失感に満たされていた。

今これを書いているカフェ。席を迷っているカップルが、僕のまわりの空席を4往復ほどして、インダストリアルな階段を上がったカウンター席を選んだ。選ばれなかった空席の気持ちが、今なら分かる。差し込んだ西日がその席を照らす。そこだって十分に輝いている。

これだけ制作の仕方を語っている僕が落ちていると、説得力のかけらもない。でも、あの意見を聞いておけば、聞かなければ、なんてこともない。すべては自分の純度に溶かされているから、後悔はない。落ちたけど。

歌声

僕の歌へのコンプレックスはすさまじい。楽曲の構成を確認するために録音するリハーサルの確認用音源を、スタッフが聴くのも恥ずかしいくらいだ。

３４５との最初のバンドが解散したとき、僕はなぜか３４５をベース＆ボーカルにしてツインボーカルという形をとった。だけどそもそも僕は、好きで歌いはじめたわけではない。

小学生のときに家族でよく行っていたカラオケ。猿岩石の曲をカセットデッキで多重録音をしてハモリを何声にも重ね、姉に聴かせたこと……。なんだ。めちゃくちゃ歌うの好きじゃないか。

自分で過去を振り返ると震えるほどに、脳内にこびりつくコンプレックスと切り拓いてきた道は真逆だ。僕を形成しているもののほとんどが、コンプレックスとグラデーション状に繋がっていて、誰にも届かない創造と誰にもなれない喪失が、プリズムのように輝いたり、屈折したりする。

この世に誕生してから今に至るまで、骨を伝って聞き続けている自分の声に対して、「個性」というものは少しもつかみ取ることができていない。楽器を介してアウトプットされるギターのほうがまだ、幾分俯瞰して捉えることができる。

時雨を始めた頃に入ったリハーサルスタジオで、「声が聞こえなかった」という理由だけで1オクターブ上げて歌うことになった経緯は、インタビューなどで何度も話しているが、どうしてその手法に行き着いたのかは分かるようで分からない。スタジオのモニターがボロくて聞こえづらかったことと、自分の力量不足だけは明らかだが、あのとき歌っている感覚、というものにすさまじい物足りなさを感じていたのは覚えている。「自分から発せられる声に自分自身が震えない」ということが何を意味しているのか、理由ははっきりと分かっていた。

子どもの頃から歌番組を見ていても、「この人の歌はこうだな」「この人の声はこうだな」と、妙に意識していた。だからこそ、自分の声が人にどう届くかを、過剰なまでに感じ取ってしまう。本当は「人」という形をした自分ではあるけど。

結果的に、1オクターブ上げたことにより、自分の声が鋭い音像としてバンドのサウンドを決定づけるものになったのは偶然の賜物。ただ、その声はバンドの楽曲と同じで万人受けするものではなく、取扱注意だ。

何度も僕と音楽を結びつけてくれたあの『ミュージックステーション』(テレビ朝日系)から、初めてオファーが来た。少しずつロックバンドが出演するようになっていたとは言え、あの時間帯で放送する生放送の音楽番組から声が掛かったのには驚いた。

現実的には、生放送で歌うことに、積極的になれる要素はほとんどなかった。だけど、もちろんオファーをいただけるのは光栄で、当時主題歌を担当していたアニメ『PSYCHO-PASS』という作品が作り出す波をより大きくするために、まわりのスタッフはなんとか僕から「YES」を引き出せるようにと奔走する。僕は祖父に「いつかテレビで徹(僕の名前)を見たい」と、冗談交じりに言われたことを思い出していた。

僕自身、テレビでLUNA SEAやMr.Children、B'zを見て受けたあの衝撃は、手に取るように覚えている。アドレナリンでセンサーが麻痺しているときのような、じわじわと異物感が入ってくるあの感覚を。

主戦場はライブハウス、カメリハもランスルーも知らない場違いな僕たちが出るために、スタッフは短い時間の中で信じられないほどのやり取りを重ねてくれ、僕たちは初出演を果たした。
J-POPに没入し、魅せられた少年は、随分とソリッドでエッジーな音楽を提げてステージに立った。何かが欲しかったわけでもなく、得たわけでもなく、ただ今ここで鳴っている音楽が存在しているということだけを伝えに行った。見慣れない要素しかない僕たちの音楽があの時間に流れたことは、かなり異色だったはずだ。

いびつなものはいつも異物だ。

僕たちは多くの人に浅く斬り込むことはできないが、とてつもなく鋭利な刃先で深く刻み込む。僕の声はいつの間にか、あのとき衝撃を受けた場所にいた。世界のどこかで、小さな心に打ち込まれた稲妻となっただろうか。
祖父は亡くなる前、「テレビで徹を見られたことが嬉しかった」と言葉を遺した。

不完全なライブ

ライブは、すべての時間が幸福と充足感で満たされているわけではない。むしろ、自分が作った音楽に対する劣等感と不完全さに打ちのめされながら、ステージに立ち続けている。

もちろん、みんなと時間を共有できる唯一の場所であることには違いないのだけれど、僕は「それだけで幸せだ」と手放しで感じることができないのだと思う。唯一繋がれるたったひとつの場所だからこそ、「生で聴けた」「会えた」という感覚だけに、ライブの存在する意味を奪われたくない。

ふたつの鼓膜から聞こえていた音は、ライブ会場でふたつの目に映し出される実像と共に、体全体で感じるものへと変化する。そんな場所で、すべてを捧げて作り上げた音源を、どういう形で演奏できるのかという壁はあまりにも高い。最終的に音楽を鳴らす場所のイメージをどこで捉えるか——それが、僕の中ではライブという場所ではなく、作品として捉えている部分が大きいからだろう。これは制作の時期やモードなどにもよるが、まだリリースという概念があまりなく、ライブをするために楽曲を作っていた頃は、ステージでどう鳴るかだけを意識していたように思う。

ライブで演奏することを最優先するならば、アレンジや歌い回しの再現性などのすべてを、ステージで鳴らすことを想定して作るのが間違いない。もちろん、セッションで作ったからと言って、それが「ライブ映え」するかどうかは別の話だが、実際演奏してみたら「歌い回しや演奏のアレンジ的に無理があった」なんてことになる可能性は圧倒的に低い。

僕がそれをしない理由は、「あくまで楽曲は、曲として可能性がある限り、最大限のものにしたい」という確固たる思いが強いから。

再現性を考えて楽曲の形を変える場合、ほとんどが僕の中では妥協することになる。しっかりとそのニュアンスを変えずにアレンジできる人が羨ましい。

例えば、このメロディーの後にこの歌唱法が来ると現実的に無理が来ることは、自分の喉のことなので大体分かっているが、何をどうやってもその流れを超えることができないことがある。もしかするとその数秒間の選択肢がどちらであろうとも、聴く人には伝わらないかもしれない。それでも、その道を避けて通ろうとすれば、自分が本来作ろうとしていたものを自分が殺してしまうことになる。ライブの中で、自分の楽曲に対する不完全さで絶望的な気分になろうとも、音楽に対して本来あるべき姿に仕上げられないことのほうが、僕が音楽を作る意味を自らが失わせてしまう。

時に、まったく再現性を考えていなくても、すっと自分の気持ちと演奏のテンションがステージングとフィットする場合がある。こればかりは、実際にリハーサルで楽曲にぶつけてみて分かることがほとんどだが、最低の瞬間と最高の瞬間が響き合うライブは僕にとってのたったひとつの居場所なんだろう。己が作り出した時間芸術に、自らが囚われていく。それがどれだけ幸せなことだろうか。

「好きな仕事で苦しむのはどうなのか」

大学生の頃、勝手に夢を見ながら音楽を仕事にもできていない中でのそんな自問自答は、今その渦中であっても、僕を生かしてくれている奇跡のひとかけらだと断言できる。僕を形成する不完全なものたちが、自分の音楽そのものになっていることに気付くのには、随分と長い年月を要した。

ライブに来た人がどれだけ納得できるのか。その判断基準はきっと人それぞれだろうが、そこには「自分だったら」が常に付き纏う。「そんなのは誰も気にしないですよ」「表から見ていたら全然分からなかったですよ」なんて言葉に、「そうか、それなら良かった」という言葉だけが、自意識の中で空を切る。

自分が満足しないものへの照準の合わせ方を僕は知らない。決して難しいものを見せたいわけではないけれど、自分が興奮しないものに誰かが魅せられることはないと思ってしまう。他人の気持ちなんて分からないけれど、それだけは独りよがりでいいということにしている。

「そのフレーズはもっと鋭く」
「今、歌詞のニュアンスが弱かった」
「会場の響きに対してギターがひずみすぎて、分離感がなくなっている」
「音源で構築したアレンジが崩れている」

演奏しているときも、歌っているときも、ずっと頭の中ではサイレンのようなものが無意識に響く。些細な追及の連続だ。そうやって常に自分の責任を問い詰められている状態は、どう考えても非常に鬱陶しい。

そんな中、僕は「その声から自由になれたらいいな」という願望と、「その声こそがライブを生ものにしている」という意識の狭間で溺れそうになる。僕たちはどれだけの時間を割いて今このステージとフロアで出会っているのだろうか、という奇跡をかけがえのないものにするためだけに、僕はなんとかしがみついている。

２０２０年。コロナ禍の下、初めて配信ライブを行った。

僕たちはほとんどライブ映像を出してこなかった。先ほど述べた「作品をライブでの形に昇華させる難しさ」と、まったく逆のことが起きるからだ。

もちろん、長いプロセスを経てライブが成立するように、しっかりとそこに向き合って突き詰めれば、映像作品として完成させることはできる。ただ、根本的には演奏も音の作り方も、そこにいる人たちに向けて、その空間だけにすべてを爆発させる。僕たち演者もオーディエンスも、その会場の反射している音がスピーカーのダイレクトな音と同じくらい音響を左右する。

「あ、この余ったの持って帰っていいですか？」とレストランから持って帰った料理が、家で食べると全然美味しく感じないことがある。保存の仕方や温め方など、色んな原因が混ざり合っているが、委ねられる部分が多くなればなるほど、提供側の意図を伝えるのは難しくなってくる。「なんで、これ持って帰ってきたんだっけ」と水分を失った炒飯のようにはなりたくない。炒飯だって怒るさ。

映像作品や配信における、会場の反射も醸し出される雰囲気も照明のダイナミックさも、何より楽器から数㎝の場所に置かれたマイクから聞こえる音のみの集合体で作られた音は、会場で聴くものとはまったくの別物だ。ライブを超える経験がそこにないのであれば、それを配信することの意味を僕はまったく感じられなかった。

現地で見たライブに感動し、後日、そのライブ映像を見ると、その感動を呼び覚まされることもあれば、なんとも言い難い物足りなさを感じることもある。ステージ上で限りなく理想の表現をできたときのライブほど、後で送られてくる確認用の音源を聴くと、耳を疑うことが多い。何度となくそんな経験をしてきたからこそ、ライブの配信や映像化は、それまでの僕にとって、表現方法の選択肢としてなかったものだ。それに加えて頭の中で、「今、撮影されている」を意識してしまうことが、目の前のオーディエンスに対して失礼な気すらしていた。

しかし、新型コロナウイルスの蔓延で、ほとんどのアーティストは物理的にライブができなくなる。

楽曲のリリースとライブ。

この流れを繰り返してきた僕たちにとって、ライブ以外にできることとは？

音楽業界の情勢を見ても、僕たちがやれることは明らかだった。正確にはそこに向き合うことで、新たな表現方法を手に入れるべきだと背中を押された感じもあった。

やってこなかったことには明確な理由があるが、いつもそこにはチャンスが存在している。未開の地だからこそ、それまでに得たノウハウや人との繋がりの中で、いつか自分がやらないと選択したものをひっくり返すことができる。

〝嫌いなもの〟の中には、いつも自分の理想像の裏側が隠されている。僕は割とはっきりと、やりたいこととやりたくないことが分かれている。そして、それが曖昧なものでなければないほど、自分のオリジナリティーに結びついていく。

なんでも大丈夫な人、寛容な人への羨ましさもあるが、極端な思考が存在して良かったと思うようにしている。好きも嫌いも存在しないものに、僕は心が反応しない。

コロナ禍におけるライブ配信の流れ――あれはあれで、ライブ会場と同じように、あのときにしか見られなかったものがたくさんあったように思う。アーティストたちはこぞって配信をやっていたし、受け取る側も全力でアーティストの思いをこぼさないようにしてくれていた気がした。

配信には基本的にコストがかなりかかるため、その形態もさまざまだったが、僕はライブでは見られないアングルと音像にこだわった。普段はあんなにも音を構築していく僕が、一発撮りの中でどういったものを表現するのか、自分自身も興味があった。ライブの爆発的なエネルギーだけでも、音源制作のような緻密なパフォーマンスだけでもない、新たな場所を模索していた。

5.1chでのミックスを施し、劇場で公開するのも新たな試みだった。劇場ごとにスペックが違うので、すべてのコントロールはできないが、実際のライブとは別の意味で包み込まれるイマーシブなものを目指してみた。映像も、その頃作業を共にしていた最勝健太郎監督がどこまでも付き合ってくれた。ライブでは置けないカメラ位置、見られないアングルというものに徹底的にこだわった。ライブの代替えではなく、なんとかして新しいポイントを探し続けていた。

ライブをはじめとするエンターテインメントの必要性が厳しく問われていた中、僕はライブと同じように、絶望をなんとかエネルギーに変えようと意地になっていた。

僕たちがいる場所も、紡ぎ出しているものも、一瞬にして奪われてしまうことに誰もが直面した。どこかで分かっていた刹那的なものを突きつけられた。狭まっていくように見える道で、僕は無限の可能性を感じていた。

時雨とＴＫ

バンドやグループというのは、それぞれの個々への足し算では敵わないほどに愛されていることが多い。メンバーが集まったときに生み出されるパワーも計り知れない。だからこそ、楽曲を作る人間がそれ以外の場所で活動することに対して、ネガティブな見方をされることもある。数々のバンドのメンバーがソロとして活動していく過程で、解散や休止などに至った歴史がある以上、その音楽の向こう側に透けてくる何かに不安を感じてしまう人もいるだろう。

僕自身は、バンドから派生したソロやプロジェクトも、好きであれば聴くし、そうじゃなければ聴かないだけでなんの偏見もなかった。ただ、同じコンポーザーが作って歌う場合、「ああ、この曲ってソロのほうだったっけ」ということは往々にしてある。

それは、どれほどそのアーティストを意識して聴いているかにもよるが、「トム・ヨークの声が聞こえればすべてRadioheadに聞こえる」というのは分からなくもない。

音楽的に唯一無二の武器を持っていればいるだけ、その声を、楽器を、曲の質感を聴いたとき、すぐにその人のことが脳裏に浮かぶだろう。作曲者が思っているほど、細かいディテールがみんなにすべて伝わるわけでもない。

僕自身がそこを達観しているからこそ、まわりのスタッフが当初よく口にしていた「差別化」という部分に関して、「でも、この声とギターが鳴ったら時雨と言われても無理はないよな……」という思いは常にどこかにあった。ソロでしかできないものを模索しつつも、どこかでどうでもいい自分がいる。


差別化することは簡単だ。「武器」を捨て、見つめる先を変えて、いつもはつかんでいる手を緩めていけば、僕は僕から離れられる。それでも〝区別するため〟という目的を持って生み出す音楽に、僕はまだなんの価値があるかが分からない。


ソロが始まったとき、僕はどこかで初めて自分の勝負が始まった気がした。

僕たちはいかなる状況でもバンドだ。僕がどれだけ楽曲を作ってアレンジまでしていようが1／3でしかない。そんな僕が、バンドへの愛にも、何にも甘えられない状況で、誰からも見向きもされないかもしれない「ソロ」という場所に足を踏み入れた。ボロボロになるかもしれないその場所が、自分にとっての挑戦であり、覚悟だった。すべての重圧が僕だけに降り注ぐことを、どこかで欲していた。


凛として時雨は凛として時雨でしかない。

僕は今も昔もその中にしか存在していない。

自分の中で過剰に描かれた理想の音を3人で追求するだけ。


あるとき、そこからすり抜けてしまった音楽たちが死んでいくことに気付いた。自分で描こうとするときのパレットに、入るべきではないものたちが。劇伴のような音楽も作っていた僕は、そのアウトプットのひとつとしてソロを選択した。

ソロとバンドでは、楽曲を作るときの頭の中でのスタート地点が違う。バンドの場合は、「他の2人がその楽曲に対してどういうアプローチをするか」というのを常にイメージする。それに比べてソロは、制作をするときの脳内に2人がいない。

はたから見ればわずかな違いでいて、とてつもなく大きな違い。

楽曲の制作過程は似ているようで非なるもの。

通常「ソロ」というのはバンドではできないことを解放して、ソロ楽曲で自分のやりたいことを爆発させるというイメージかもしれないが、僕の場合は少し違う。バンドの楽曲における自分の純度のほうが、ソロのそれよりも高いと思っている。

これはあくまで自分の中の感覚の話でしかないが、凛として時雨の中にいる「TK」という人物が、僕そのものだからだろう。


ソロではそれぞれ自分が楽曲に合うと思ったミュージシャンを呼び、アレンジを施していく。ピアノやバイオリンなど、僕が素人に毛も生えない程度の打ち込みを用意して、そのプレイヤーがさらにそこにアレンジを加えていく。そうすると、自分の想像していないレイヤーの重なりになることが多い。つまり、自分が用意したデモに対して、他人とのコミュニケーションの中で変化していく部分が、バンドに比べて圧倒的に多い。簡単に言えば、自分が作ったデモを人に委ねていくことによって変化していくフレームが、トリオの枠には収まらないものに変化する。

最終的にそれを聴いた人が判断する「バンドでもできる音楽かどうか」は、そのプロセスが見えなければどちらとも取れるだろう。ただし、僕の中での本質は、「最終的にできた楽曲の音像が近いかどうか」ではなく、「その楽曲が生まれるかどうか」

だという点。曲が存在する以上、意外とそこにフォーカスされることはない。

楽曲が生まれるかどうか――。それは他のアーティストに楽曲を提供するときにも感じることである。歌い手が僕でなくなると、自分のコンプレックスや呪縛から解き放たれることができる。「こんなふうに歌えたらいいのに」というニュアンスを注ぎ込む。

実際、凛として時雨を聴いてくれていた人からのオファーも多いが、それは純粋にとても嬉しい。あの音楽を聴いて、時を経て僕に何を求めてたどり着くのか。ボーカリストが変わると、僕はもう一度まっさらな状態になれる。ファーストアルバムを作ったときのように。

時雨の話に戻すと、時雨には圧倒的な「時雨らしさ」がある。もちろん、中野君と345と僕の3人が演奏すれば、それぞれが培ってきたオリジナリティーが「時雨らしさ」にはなる。でも、その「らしさ」の大気圏を超えるには、果てしない距離がある。「3人で音を出すだけで成立するものに騙されてはいけない」と、常にどこかで思ってしまう。

自らがレコーディングを担っているからか、3人それぞれの弱点を本人たちよりも知っている。向き合っている。だからこそ、どうやってその鋭利なチャートを「トライアングルの中で一番強力なものにするか」というのがバンドの面白いところだ。

時折2人が困惑するほどのむちゃぶりをしたりする。笑いが起こるほどハチャメチャに無理をする。

2人が持っているポテンシャルは無限大だ。

奇跡的にやってくる確変が、「時雨らしい」を「時雨にしかできない」に変えていく。

第 4 章

撃ちこまれた種 －Seed－

僕にしか聞こえない声

僕は都内にあるスタジオを制作の拠点にしているが、東京ではない場所にもうひとつのスタジオを持っている。随分と緑や山に囲まれた場所にあり、空気は澄んでいて鳥のさえずりが目を覚まさせる、なんとも僕らしくないスタジオだ。コロナ禍が始まる前からずっとぼんやり探していた中、海外になかなか行けなくなってしまったこともあり、もうひとつの創造の場所として作った。この文章のいくつかもそこで書いている。

ぼろぼろの山小屋を、床から何からすべて変えた。スタジオ作りは本当に楽しい。お陰で木にも壁にも素材にも詳しくなってしまった。最近の心配は、春が終わった頃に黒い服装でスズメバチに刺されないかどうかだ。オニヤンマが天敵らしい。まだ楽器を運び終えていないが、ここでの新しい音との出会いが今から楽しみだ。いつかお披露目したい。

スタジオから街中に降りていくと、公園や学校の広い校庭で子どもたちがサッカーをしているのが見えた。僕の中に、いつかの思い出がふと蘇る。


小、中学校の同じクラスに、学校ではまったく喋らない少年がいた。

できたての小学校の周囲には、新しい建て売りの住宅が並び、僕を含め転入生は多かった。彼は僕よりも少し後に転校してきて、2人のかわいい弟がいた。転入してきてから彼は、授業中であろうと、休み時間であろうと、クラスメイトとも先生とも一切口をきかなかった。幼い心というのは残酷で、学校で喋ることをしない彼は、少しずつ好奇の眼差しを向けられていたような気がした。

共通の趣味であるサッカーがきっかけだっただろうか。僕はなぜか彼と仲が良かった。そして、学校では一言も話すことのない彼が、放課後、僕と遊んでいるときだけは言葉を発した。屋根裏で自作のゴールに向かってサッカーをして、プロサッカー選手が近くのショッピングセンターに来たときには自転車で出向き、サッカーコーチであった彼の父親と一緒に柏レイソルの試合を見に行った。

だけど、翌日学校に行くとまた彼の口は閉ざされる。学校で彼の声を聞くことは一度もなかったと思う。

同じクラスになって知り合った彼と僕は、翌年も一緒のクラスだった。彼と唯一心を通わせられる僕は、彼の〝通訳〟として先生たちから重宝されるようになっていたのだろう。クラスメイトたちが彼と話す用はそれほどなかったが、授業中、先生たちに彼の意思を伝えるのは僕の役目だった。

だが、時が経つと共に、視線はいろいろなものを感じはじめる。

自分がどうしたいかを考えはじめる。

中学に入ると、まわりの友達がどんどん自由になっていく中で、さほどでもないはずの自分の使命に対してプレッシャーと不自由さを感じる瞬間があった。それと同時に、僕がいることが変に彼を安心させ、動けなくさせているような気さえしていた。僕は側にいないほうがいいんじゃないかということを、先生に伝えたこともあった。彼にとっては僕しか喋れる相手がいないのに、いつしかそう思うようになっていた。最終的な決め手の理由は知らされてないが、最後のクラス替えで僕たちが離れ離れになったことに、僕はひどく罪悪感を抱いていた。そんなふうに淡い葛藤を抱えたまま、彼と僕は違う高校に進学。実家の電話番号しか知らなかった僕たちは、連絡を取ることもなくなった。

今考えるとすごく不思議な話ではある。彼はなぜ僕以外の誰とも話さなかったのか。僕とも学校では話さなかったのか。

2人でいるときによく笑う彼は妖精のようだった。彼は学校という閉ざされた世界に存在しないようにしていたのか、存在しようとあがいていたのか。彼を救っているつもりだった僕に、彼のほうが寄り添ってくれていたのか。あの頃の自分の幼さがもたらした、時と共に消えるはずのやるせない孤独感は、いまだに時折浮き上がる。

アスファルトにカラフルなカラーリングがされていた小学校。その近くに住んでいた彼が羨ましかった。

彼は今、どうやって暮らしているのか。あれからどんな人生を送っているのか。僕がサッカーに、音楽に、徐々に自分の見たいものに夢中になるに連れて、僕の記憶に彼の姿はいなくなっていった。あまりにも自然な出会いと静かな別れは、鮮烈な記憶を残すことなく、ただ笑っていた時間と少しの心残りだけを刻んで消えた。彼が一人でもいられるようにと願ったあの思いは、彼を一人にさせてしまったのだろうか。

僕だけが知っていた彼の透き通った声は、今、誰かのもとに届いているだろうか。

季節外れの桜がまだ舞っている。流れていく緑と風の景色の中で、ふと片隅にあったものを思い出した。

嫌いを信じて

音楽を作るとき、僕にはあまり多くのものが見えていない。一瞬の閃きと共にすべての譜面が思いつくわけもなく、手探りの極致だ。もちろん、自分が震えるフレーズにすぐ出会えるのが一番だが、そうでないときには、「嫌い」「違う」と感じたものを徹底的に削ぎ落としていくしかない。

ひとつのきっかけとなるフレーズだけがあり、そこから先が真っ暗になることも多い。それでも目指している場所に対して、さまざまな可能性を模索しながら「嫌い」「違う」ものを排除していって、「奇跡」に近付くことはできる。

こう書くと簡単に聞こえるかもしれないが、一生終わりが見えないような過酷な精神状態が毎度呼び起こされる。困ったことに僕は、一番遠い場所から自分の興奮を迎えに行く。

僕は嫌いなものがある人がとても好きだ。好きなものが与える情報に比べて、遥かにレンジの狭いその人の本質が垣間見えるような気がする。

例えば、「男女ツインボーカルが好き」と言われるよりも、「男女ツインボーカルなのに、男ボーカルが女ボーカルと同じくらい高いキーで歌うの苦手」って言われるほうが気になる。「テクニカルなバンドが好き」と言われるよりも、「テクニカルな曲を作るのに、再現するの大変そうな人が嫌い」って言われるほうが気になる。気になりすぎる。

その人が幸福を感じる瞬間にももちろん興味はあるが、拒絶するほどの精神的なアレルゲンは、その人の奥底にある核のすぐそばに触れられるような気さえする。「多分、高い声で歌うことで、表現できるものがあるからなんじゃないかな」と、僕はジントニックでも飲みながら、必要とされていない「嫌いなもの」へのフォローをしつつ、その人を少し知ることができた気になる。ああ、「納豆が嫌い」という人が、そこに対して「ネバネバしていて嫌い」「匂いが嫌い」という以外の理由を持っているとは思わないから、そこにはさほど興味はないけれど。

話は逸れたが、「嫌い」だけでなく「痛み」や「悲しみ」も、いつも自分の中心にある。「幸せ」「興奮」「刺激」のすぐそばで、それらと同じように心をえぐって脳に居座る。

歌詞、歌い方、ギターのフレーズ、ひずみ方、リズムの揺れ方、映像の中の文字のフォント、Tシャツのタグ、写真の色味……楽曲だけでなく、自分を取り巻くプロダクトのすべてに、拒否反応のセンサーはすぐに反応する。

もちろん、「嫌い」という言葉だけで表現できるものではないが、アラートが鳴ることで、初めてそこに対するアレンジ、調整が生まれて理想に近付いていく。見えなかった目的地へのヒントはそこにある。時と場合によっては、鳴りっぱなしになって自分にうんざりすることもあるが、たどり着く先には叶えたいものが必ずある。

マナーモードにできない僕の創造よ、もう少し鳴り続けていてくれ。

才能

僕はまぐれで生きている。息をしている。
長きにわたり音楽家として活動できているからといって、僕は自分に特別な才能があるとはまったく思っていない。絶望の淵をさまよい続けて、最後の最後に何かを見つけられるだけだ。そうか、この本を書いて気付けた。僕は〝才能がないのに音楽を作れる才能〟だけはあるのかもしれない。

〝才能〟というものが、そもそもどんな概念で存在しているのかも怪しいが、僕が考える才能がある人というのは、はじめから作品の輪郭も内側の凹凸も、すべてが見えているのではないかと思う。オファーが来たとき、いや、オファーが来なくとも、「次の曲はこうしよう」というイメージをしたときに、既に一音目から最後の音が途切れる瞬間までのビジョンがはっきりと浮かんでいるような。

これはあくまでひとつの例でしかないが、僕にはまったくそのビジョンが見えていないからこそ、それができる人を才能があると思っているだけかもしれない。僕から見た相対的な才能。

僕の場合、正確には見えているものの、その解像度はとても低く、ぼんやりとしている。昔のダイヤルアップ回線で繋いだインターネットのロード中ぐらいぼんやりしている。僕はできることが極端に少なく、頭の中もからっぽだ。いや、からっぽが詰まっている。


楽曲をまっさらな状態から作りはじめるとき、最初は頭の中の誰かが「作れるわけないだろう」と悪魔のように囁く。ただ、楽器を触るうちに、タイアップであれば物語を理解していったときに、すっと自分が音楽に乗れる瞬間というか、音楽そのものになれる瞬間がある。そうなったときに初めて「こういうものにしたい」「こういうものにしたくない」という欲望と願望が浮かび上がってきて、僕は意志を持ちはじめる。

どこをどう見渡しても深刻化した干ばつのような脳内で、どこにあるかも分からない水源にたどり着けるのか、オアシスを探してひたすらに音を鳴らし続ける。地べたを這いつくばりながら、やっと見つけた水が自分のものなのか、自分が探していたものなのかを執拗に確かめる。

ここまでのスピードは、きっと人によってあまりにも個人差がある。ひとつ目の水源ですべてを満たせるロックな人にも憧れるが、僕は最後の最後まですべての水源を比べる。僕がそうこうしているうちに、他の人はもうオアシスに一大都市を築いていそうなほど効率が悪い。自分の嗅覚を信じ、疑っているからこそ、何度も角度を変えて確かめる。

そして、いつでもその費やした時間を捨てられる。考え込んだ時間はときどき、自分の視力を鈍らせる。意識も脳も、みんなで向き合った時間の長いものに騙されやすい。僕はいつもそれを塗り替える覚悟で探している。

聴く人には、たった数分の時間として絶対的なものとして耳に飛び込むことを忘れてはならない。そのオアシスにたどり着くのに車で着いたのか、歩きか、はたまたラクダか、そんなことは関係ない。

効率の良し悪しは、音楽を作る人によって捉え方は違うと思うが、僕は無駄に見える時間が意外と、最終的に音楽を作っていると思っている。この効率の悪さが自分にとって効率のいい音楽の作り方であり、これ以外に自身の音楽を磨き上げる方法を持っていない。これ以上効率良く、例えば短時間で作ることができるとしても、自分のアイデンティティーがそこにフルで投影されることはないだろう。

才能という言葉はものすごく曖昧だ。だから、何を才能というのかは難しいけれど、僕は自分の音楽において、これがいいか悪いか（悪いというのはBADではなく、自分が今選択すべきものではないという意味）を見極める目、耳というか、それを選択する感覚だけを持っている。

それはあくまでも自分の音楽においてだけ反応するレーダーなので、どの音楽にも反応するものではない。

自分の作品だから、そんなことは当たり前かもしれない。ただし、そこに関しては、人からは分からない違いの領域まで見えている。バラバラにしていけば、多くのものは「選択」の連続によって作られていると思うが、それぞれひとつひとつの選択に向き合っているときのAかBかの選択というのは、見極めるのが難しい。ちょっとした塩の加減が、素材のチョイスが、すべてを生かすことも殺すこともある。作品がベストなものになるためには、誰にも見えない選択の連続に正解し続けなければいけない。

ミックスもそうだが、僕が何かひとつを変えたことによって、全体がどう変わったかというのは他の人には伝わりづらい。作品が完成間近になったときに、何度もバージョンの違う音を描き出して聴き比べる。ふと、それをマネージャーに聴いてもらうと、返ってくる答えは「もう違いは分からないですが、最高です!」だ。

MV監督が、ほぼ分からないカットの違いをいくつか渡してくるとき、デザイナーがほとんど分からない違いの修正案を出してくるとき、僕はハッとする。いわゆるひとつの「もう違いは分からないが、最高」じゃないか。

同じ速度で、歩幅で時間軸を共有できているときは、その創造の小さな進歩についていけるが、少しでもよそ見をすると置いてけぼりになってしまう。そのぐらいものすごいスピードで、ミクロな選択が積み重ねられていく。

無数の選択肢がマークシートに並んでいて、チェックをするたびに次の設問は形を変えるような果てしない道のり。そのときどきには誰にも分からない違いの連続が、集合体として混ざり合ったときにはとてつもなく大きな違いを生み出す。そしてそれがその人だけの色になっていく。

ふたつの鼓膜に感動をもたらすのは、僕にしか見えない小さな選択の連続だ。

ぎりぎりでつかんだまぐれに胸を撫で下ろしながら、僕はまた次の目的地へ向かう。

非才

作品を作ることにおいては、自分の想像を超えるまでいくらでも創造に時間を費やせるが、それを実際に再生することにおいてはまた別次元の話だ。
先述している通り、僕は歌が得意なわけでもないし、ギターが得意なわけでもない。これは謙遜をしているのではなく、自分の視点から見えるマイクとギターのフレットは、とても窮屈な場所でなんとか自己を解放させようとしている。作り上げてしまったモンスターみたいなものに食われてしまわないように、必死に操縦席にたどり着く。自分が持っているものを最大限にブーストさせて、精一杯膨張させて、楽曲の中になんとか落とし込んでいるのだ。

「そんなふうに弾けたらライブが楽しそうですね」と言われたことがある。ああ、そうか。そんなふうに見えている人もいるのかと。僕がまわりのミュージシャンを見たときに思うあの感情だ。

だとすれば、そう見えている人にも孤独のような窮屈さがあって、その人にしか分からない越えられない壁のようなものがあるのだろうか。

僕にも一瞬、理想の声やギターの音が出力されるときがある。あの無敵になれる瞬間がいつも目の前のその先にある気がして、反復する。革命も覚醒もどこからか降ってくるわけもなく、ぶつかり合う何かの衝突がときどき出会わせてくれる。

一曲を無事に歌い切ることだけでも精一杯だ。僕の歌が多少難しいということを差し引いても、なかなか同じ緊張感を抱えている人には出会わない。

自分の好きな圧力で、声色で、メロディーですべてを満たせるときが来たら、どれだけの絶頂も敵わないほどのパフォーマンスになるのだろうか。時と共に理想は高くなっているのか、どうせなら低くなってくれればいいのにとさえ思う。

2フロアを打ち抜いているであろう高い天井に、大きな窓から見える緑と庭園。今この文章を書いているホテルのロビーは適度な環境音が心地よい。鳴り止まない耳鳴りが少しマシに感じる。これは感覚的な話ではなく、難聴の症状だ。

２０１８年にリリースしたアルバム『#5』のツアーの真っただ中。ある日を境に、ライブ翌日には鳴り止んでいた耳鳴りが止まらなくなった。聴力は何度か怪しいときがあったが、すぐに耳鼻科に行ったものの、耳鳴りの症状は今に至るまであまり変わっていない。苦い漢方を数週間飲まされたこともあった。

今では随分とこの耳鳴りにも慣れてきている。聞きたい音も聞きたくない音も、すべては脳が決めるかのように、何かに集中しているときには聞こえなくなる。ふと一人になり、静かな空間に身を置くと、突然現れて鼓膜を埋め尽くす。ライブ後にはもっと大きな耳鳴りに包み込まれる。元々あった耳鳴りが聞こえなくなるほどに。

身体を犠牲にしているようなネガティブな気持ちはそこにない。僕は耳鳴りが始まったあの日に戻れるとしても、きっと同じライブをするだろう。顔に一生残る傷ができた名古屋のライブにも、爪がえぐれた広島のライブにも、僕は別に戻りたいと思ったことはない。タイムマシーンがあったとしても錆びついてしまうかもしれないな。

ただ、身体が自分の音楽を具現化するもっとも大切な楽器だということを、ついつい忘れてしまう。

定期的に喉の検査で行く耳鼻科の問診票に、「声が原因で人生を失ったような気がする」「声を出すまでどのような声が出るか分からない」といった、妙に見透かされたような質問項目がある。こんなにも多くのものを得ているのに、失っている気がするのも面白いものだなと思いつつも、チェックは入れない。

公に発言したことがあるか覚えていないが、僕には扁桃腺がない。幼少期に扁桃腺肥大で呼吸ができなくなった僕は、手術で除去した。最近では抗生物質などの進歩によって取らなくても良くなったみたいだが、扁桃腺がないことで風邪をひきやすいという説もあるらしい。まわりに風邪の人がいると確かにもらいやすいが、この歌い方で喉自体に大きなトラブルが起きたことはない。風邪の影響で声が出なくなってしまうことはあるが、ポリープや結節というものができたこともなく奇跡的だ。

声という身体の内部に存在している楽器は、とても神秘的で尊い。

ファイバーカメラで声帯を見たとき、左右にある小さなそのヒダが振動するだけで、自分の人生の一部がそこから生み出されていることを初めて実感した。そのときばかりは、「声が原因で人生を失ったような気がする」にチェックしそうになってごめんよ、と申し訳ない気持ちが押し寄せる。こんなに頑張っているのか。声帯は。みんなも機会があれば、自分が声を出しているとき、どのようにして声帯があなたの意図を震わせて、身体の外にアウトプットしているのかを見てほしい。

場所はその都度変わっているものの、ボイストレーニングというものに実は長く通っている。けれど、歌が上手くなるための発声というのはほとんどしていない。あくまで自分の理想に近付けるためのトレーニングだ。

バンドの質感からして、トレーニングというのはどうだろう、と思っていた時期もあるが、みんなが思うような「声を太くする発声をする」とかそういうものでもない。誰にも分からないような、小さな弱点が露呈しているリハーサル音源を聴いてもらい、それがどういう原因なのかを追究する。ついつい上手くいかない場所だけに目を向けてしまいがちだが、意外と原因はその箇所の手前にあることが多い。持っている中で一番上手くいっていない練習音源を持って行く。さながら自作の公開処刑だ。

声という楽器は劣等感や不完全さも大量に生産するが、それと同時に、音楽において圧倒的な支配率を誇る。人を感動させ、刺激し、脳にどの音よりも先に到達するような。

歌うはずのなかった僕の人生に突然やってきた声は、まだ戸惑っている。

誰かが羨む才能は要らない。

何かを掻き消すように叫びながら、僕はただ僕の音だけに研ぎ澄まされていたい。

いい作品を作るために、諦めない忍耐力が自分には備わっているという自覚はあるけれど、そこに対して、「才能」というブースターを持っているわけではない。ただ、どれだけ時間をかけてもそこに向かっていける持久力と、目的地に到達したときに「今、自分が到達した」と分かる判断力、僕にはそのふたつしかない。

漠然と「最終的にはいいものを作りますよ」という自信はあっても、そこに到達するまでのプロセスに関しては、駆け出しのバンドマンとそんなに変わらないと思う。多少ギターが弾けて、軽くピアノが弾けるというだけで、突出したものはないけれども、小さな輝きを拾い集めて、なんとかひとつの輝いている何かを、それが原石なのかどうかは分からなくても、そう見せることはできていると信じている。


才能があったら、多分もっとたくさんの作品を生み出せているかもしれない、と想像することもある。でも、才能がないと思っている自分を作り出しているのも、また自分なのだ。

そういうやるせなさや劣等感は、きっとまわりには分からない。「いやいや、大丈夫だよ」「本番になったら大丈夫」と言ってはくれるけれど、大丈夫じゃないのは自分が一番よく知っているから。実際、まわりには大丈夫に聞こえているかもしれないものでも、僕本人は強烈なストレスを感じている。

最近のミュージシャンは、みんなイヤホンをして各楽器の音をモニターしているが、足元のスピーカーから聞いて演奏するのに比べて、遥かに細部まで聞こえてしまう。みんなが音楽を聴くときも、遠くにあるスピーカーから聴くのとイヤホンをして聴くのでは、良し悪しは別としてまったくニュアンスが異なるはずだ。空気を介して自分に届くものと、鼓膜にダイレクトに来るものとでは、まったく違う。

それこそが、繊細な歌唱やハードディスクの素材との同期など、さまざまなことを可能にする方法なのは分かっている。だけど僕の場合、耳の中でリアルにモニターしていると、どのぐらい音が出ていないとか、上手くいっていないというフラストレーションをずっと感じながらライブをやっていることになる。

耳の中の音を作る「モニターマン」と呼ばれる方の役割はとても重要だ。多少の漏れ音は入ってくるにしても、その人の作った音が、その日のライブの音のすべてを担う。何かのミスで自分の耳に入る音がものすごく小さかったとしたら、自分の音が弱いと錯覚して演奏に力が入ってしまうくらいに、その音ですべてを判断することになる。何かが大きすぎれば何かが聞こえづらくなり、そのバランス調整はとてもシビアで難しい。それだけダイレクトに聞こえてしまう耳の中で、自分が作ったものすらまともに再生できていないという現状を分かれば分かるほど、他の人のすごさを痛感してしまう。

誰もが認める歌姫じゃなくても、驚異的なプレイを見せつけるギタリストじゃなくても、ちょっとした瞬間に、自分にはできないものを見つけてしまうことは多い。僕は激しいギターを弾きながら歌うのを褒められることもあるが、実際はゆるふわだ。自分にできることは〝誰にでもできること〟に映ってしまうし、自分にできないことをまわりの人たちが遥かに多く持っているのを知っている。

誰かが誰かを称賛するとき、それが第三者には理解できないことは往々にしてある。例えば、俳優の方が別の俳優の人の演技を絶賛したとき、演技を突き詰めていない僕らからしたら、本質的にどこがすごいのかは分かり得ない。普通の人からしたら他の人と同じような演技に見えているものが、そのレベルに達した視点で見たときに初めて、この流れだったらこんな演技はできないとか、このタイミングで涙を流せないというのが分かるのだと思う。

僕は本当にゼロ、いや僕にとってはマイナスにも見える状態からスタートして、やっとのことで作り上げていっている。だからこそ、余計に、同じことを普通に成し遂げるまわりの人たちをすごいと思ってしまうし、自分には才能がないと感じてしまうのかもしれない。

生と死

孤独というものはきっと、さまざまな装いを纏って誰にでも存在する。それは人に打ち明けても分からない、自分にしか理解できないもの。

僕は孤独が好きだ。独りになればなるほど、本質に近付ける気がする。正体不明の罪悪感と汚れて見える自分の内面は、音楽だけがその存在を浄化してくれる。

まわりにたくさんの人がいると、その温度の違いに孤独を感じることがある。スローモーションのボタンが押されて、自分だけが異常に長い時間の中で思考が張り巡らされるような。

だけど、海外に一人で写真を撮りに行っているときの感覚は、それとは違う。誰にも見向きもされず、友達も知り合いもいない。行きつけのカフェもない。言語も異なる世界で「孤独」になった僕は、どこか自由だ。そんなふうに本質的な意味で一人になれたとき、初めて自分が〝らしさ〟という曖昧に作り出したものの中でもがいてることに気付く。小さな小さな世界の中で羽ばたこうとしていることに気付く。

2019年末からのコロナ禍の中で、多くの人が亡くなった。新型コロナウイルスに罹患した人だけではない。自死を選んだ人もいる。コロナ禍に限ったことではないけれど、人知れず抱えていたものを、誰にも打ち明けずに旅立ってしまった人もいるだろう。どれだけ近くにいる人にも分かり得ない領域があり、どうやっても伝えられないものがある。

僕は常に制作の中で悩んでいる。何をしているときも、頭の中ではいろいろな物事が答えを待っているように。

だけど、不思議と僕にはあまり悩みがない。あるとしても、ルンバを買いたいけど、ギターケーブルに引っ掛かっちゃうし、ルンバを走らせるためにスタジオを常に片付けておかなきゃいけないから、買っても活かしきれないか、とか。ライブ後の新幹線で、エフェクターを踏みすぎてパンパンになった足のせいで椅子に座っていられなくて辛い、とか。どうでもいい悩みばかりだ。すべてが音楽に使い果たされて、どこか脳の中に存在する悩み生成器官がおかしくなってしまっているのかもしれない。

自分自身が抱えている本質的な部分はきっと誰にも分からない、という壁を作ってしまっているせいもあるかもしれない。自分以外の誰にも壊すことができない悩みは、人に相談するという選択肢すらも生まれず、音楽というものに囚われながらいつしか消えていく。「音楽に救われている」という表現はあまり好きではないが、作り出す苦しみや喜びは超速の光のように駆け抜けていって、僕を夢中にさせる。「誰かのためになろう」だなんて思ってはいないけど、すべてを捧げて仕上げた楽曲が誰かの一筋の光になったとしたら、それは言葉では言い得ぬ喜びがある。

たまに、制作やライブで絶望を感じることがある。

「もう無理だ」

「もう歌えない」

でも、「思っていることが実現できない」「歌いたい歌が歌えない」など、自分の理想とする形に届かないときに感じた絶望が、僕の場合は〝死〟に向かうことはない。むしろ、「誰のせいにもできずに自分でどうにかするしかない」というストレスで、自分がもう潰れるかどうかっていうところまでいったときには、〝生〟を実感する。「俺、けっこう生きてるな」って。首をどんどんと絞めていったときに、呼吸の感覚をやっと思い返すように。

40歳を迎えた今、僕はもしかしたら人生の半分を終えているのかもしれない。そうでなくとも、この世に生まれた以上、いつ何が起こるか分からない。ただライブが、音楽が、最後のその瞬間のすぐ近くまで鳴っている想像だけははっきりとできる。

僕たちは、創り上げた時間と命のすべてを音楽に詰め込んでいる。これがどれだけ幸せなことだろうか。遺書なんかよりも遥かに透明度の、純度の高いものを、最後の最後まで更新し続けることができる。これほどまでに幸せな職業はないのではないかと、最近は思う。

音楽の世界だけでなく、映画やドラマ、アニメ、漫画、小説など、作品として残り続ける世界はみな同じだろう。誰かの終止符がどこで打たれようとも、その一生をひとつの作品として〝完璧〟を形作るのは、最後のときかもしれない。ずっと未完成だったものが、自分でそれを判断する魂は既に残っていなくとも、そこでやっと完成するような気がしている。

僕だけでなく、これは音楽を聴いてくれている人のことでもある。最期に聴く音楽が、最期に見るライブが、もしかしたら僕たちのものかもしれない。いつからか、自分が音楽に向き合うエネルギーとして、そんな意識が芽生えた。

僕の最期とあなたの最期がいつ訪れたとしても、いつまでも鳴り響く衝撃のラストであるために。

moment

2008年。ソニーからメジャーデビューすることになった僕たちは、シングル「moment A rhythm」に僕が撮影したフォトブックレットを付けることになった。当時は「Telecastic fake show」という、誰もが一聴して分かる攻撃的なシングルを出した後で、楽曲的にもそれだけではない時雨の世界観をパッケージしたかった時期だった。

激しいだけじゃない側面をメジャーの一発目に持ってきた気持ちは、今でも手に取るように分かる。そしてその16分を超えるシングルには、ビジュアルとしてもバンドを表現できるものを考えて、自分の音楽家としてのルーツであったイギリスに撮影に行くことにした。

当時の僕は、フィルムというものにまだあまり馴染みがなく、子どもの頃に買ってもらったパノラマカメラを何度か使ったことがある程度だった。通常の方法では現像できないそのカメラで、空の上から変わらない空を何度も撮影することを、母によく怒られていた。

20歳の頃、初めて訪れたイギリスの地で抱いた違和感。強い孤独感と疎外感が混じったようなあの感覚が、日本にはないことをだんだんと悟っていた僕は、ブックレットという明確な目的を持って再度あの地に向かった。LOMOとVivitarという俗に言うフィルムトイカメラを持ち、よく分からないまま買った安いCENTURIAのフィルムをカバンに詰めた。本当に写るかどうかも分からなかった僕は、キヤノンとリコーのデジタルカメラもトランクに入れて。荷物が多いのはあの頃からか。僕のトランクは、自分で買ったのか姉にもらったのかも分からない、「Success」と書かれた軽量のトランクだった。

マネージャーと共に、さまざまな街を巡った。ロンドンは相変わらず時間の流れがとても速く、久々に行ったオックスフォードは、あのときのまま心の中の時間がゆっくりと蘇るようだった。

僕はデジタルカメラで撮影をしながら、撮れているかも分からないフィルムカメラで、同じアングルで撮影するという随分と面倒なことをしていた。撮影後のプレビュー画面なんて当然ない。そして当時はまだ、空港のX線検査の影響がフィルムに出やすいことで、無事に現像ができるとも思っていなかったからだ。帰りの検査場で、僕はフィルムを入れたバッグの検査を拒否したが（行きは成田空港だったため、パスしてくれた）、そのまま投げ捨てるように検査レーンに放られたときは、すべてをなくしたような気持ちだった。

デジタルカメラの写真は、その都度ホテルでバックアップしていたものの、どこか解像度の高い「見たまま」の写真は、自分の目に見えているものと明らかに違っているのを、現地にいるからこそ痛感していた。「解像度」が僕たちに写してくれるものはなんなのだろう。

帰国して、最寄りの「ビックカメラ」で現像したフィルムが返ってきたとき、僕はつい数日前までイギリスで見ていた景色がすぐに蘇ったのを覚えている。音がひずむ瞬間のような粒子感と、色と色の間の色彩まで表現されたかのような永遠が、そこには写っていた。

このときの感覚をいまだに覚えているからこそ、海外に行くときにはフィルムカメラを必ず持っていく。

メジャーデビューシングルとなった「moment A rhythm」。12㎝のCDでどれだけの思いを突き刺しても、きっと忘れ去られてしまうような刹那を、僕は少し見えないように置いた。

moment A rhythm

どうか見覚えのないこの瞬間を　例えば12センチで君を描いたら
遠くオレンジの集合体さえも触れられるように
空中線　たったあの日をimageする

例えば僕の片隅に誰にも届かない景色　暗い空の上を歩いて
違和感ある時間に君は眠りにつく　歪な窓越しに覗いて
例えば鉄の向こう側に体を投げ出して　僕を溶かして息を止めた
例えばこの冷たい感触も　孤独な鉄の感覚も見えないでしょう
もう少しだけ君の目に映し出されるように

例えば僕は12センチおきに君を刺すけど
目を瞑った瞬間に　全てが

例えば12センチの瞬間を君に何回描いたら
遠いオレンジの集合体さえも　触れられるように

例えば不思議な世界に体を投げ出して　息を失くしたら　一人になる
誰もが後ろを振り向いて少しだけ僕を思い出した
見つけられないフレーズ

例えば僕は12センチおきに君を刺すけど　耳を塞いだ瞬間に　全てが
曖昧な顔をして　12センチおきに君を刺すけど
わかりづらいフレーズで　全てが

息を失くした瞬間に　時間の許した瞬間に
破壊されていく
曖昧な顔をして　12センチおきに君を刺すけど
共振するフレーズに　全てが

君の知らない世界がどこかに　見覚えを忘れて浮かんだあの日に

凛として時雨

凛として時雨を結成して21年。竜巻のようでいてマイペースに活動している僕らにとって早いのか遅いのか。人間なら成人を迎えるほどの年月が経ってしまった。21年前、初めて凛として時雨の音楽に触れた僕自身の脳裏に、今の未来があっただろうか。

音楽を聴いているだけで、楽器に触れるだけで、シールドを繋いだアンプから音が出るだけで、誰かの曲をコピーできただけで、自分の楽曲を作れただけで、それを少し演奏できただけで……初めて触れるものの輝きは常に形を変えながらも、音楽という見えない形で常に僕を、僕たちを魅了する。ただその瞬間だけを追いかけていたら、それはあのときの未来に、今の僕たちの軌跡になった。いつか音楽に射抜かれた衝撃を、今では自分の手で創り出そうと悶える。奇跡はいつも半透明だ。

結成して20年を過ぎると、どうしてここまで続けてこれたのかをよく聞かれる。きっと僕たちの中には、「続ける」という概念も「終わる」という概念もないからだろう。目の前にある瞬間の連続の中で音楽を共存する。ただ鳴り続けているだけ。

僕たちは随分と自由に活動をしている。

345は大学生のときに、僕ともう少し音楽を続けたいと言ってくれた。中野君は僕たちを偶然ネットで見つけて、半ばファンとしてサポートを名乗り出てくれた。

この3人のバランスの取れたアンバランスさ。ゼロの状態から「凛として時雨」の音になるまでの無数の揺れの中で、音楽をつかみ取れるかどうかが、僕たち3人のすべてを生かし、亡くす。

僕は2人に対して、圧倒的に魅了できるものを創り出したいという使命感に駆られている。時にそれが重圧になったとしても、逃げてはいけないたったひとつの核があるとしたら、僕にとってはそれだ。自由と奇跡を得るためには、一生を懸けて自分のすべてを捧げられるものがひとつくらいないと、僕は誰でもなくなってしまう。

いつの間にか夢に閉じ込められたまま、生きているすべての時間が音楽になればいい。

凛として時雨を生きているのか。凛として時雨に生かされているのか。

僕はまた揺れる。からっぽのまま。

おわりに

僕はインタビューが苦手で、曲名や歌詞の意味を聞かれるのも苦手だ。いつだったか、なぜそこまで得意じゃないのかを考えたことがある。長い時間をかけて、自分の中に堕ちていく僕は、やっと輝きに似た〝何か〟をつかんで這い上がってくる。そこで見えた言葉やメロディーの意味を、僕ははっきりと見つけられない。もちろん明確な意図を持って決めていることがほとんどだし、覚えていることも多い。ただ、それを言葉にしてしまうことにものすごい抵抗感がある。言葉にはできない何かをつかんで、音楽にして、数百秒の時間の中に刻む。「これってどういう意味なんですか?」という瞬発的な質問に、僕は一番上に浮かんでいるものをすくって、ついつい渡してしまう。ぐるぐると果てしなく回りに回った自分の思考の中で、沈殿してしまった大切なものを伝えられずに。言葉にできないから音楽にしている部分を、どうにかして言葉にすることに脳が作品と噛み合わない。たったひとつつかんだその〝上澄み〟だけを、その意味として自分が決定づけてしまうことが、とても不可解だ。0と1の間にはいくつもの空間、空白があって、その中で生み出されているものの美しさを自分自身が奪っているような気がしてしまうからだと気付いた。口に出した瞬間に。

分かりづらいかもしれないが、頭の中は苦しみや孤独、悲しみなんかには到底覆い尽くすことのできない光に満ちている。その輝きは一度も絶えることなく、今も眩しいままだ。人はそれを幸せと呼ぶのかもしれないが、気付かないふりをして走り抜けるのが好きなのかもしれない。永遠にずっと何かを探している途中でいたい。

僕はなんの目的もなく、この本を作りはじめた。誰かに音楽の作り方を伝えたいわけでも、小学生のときに本当はサッカークラブのキャプテンだったことを自慢したいわけでもない。本書の冒頭で「騙された」なんて書いたが、本当は「騙されに行った」のかもしれない。からっぽな自分からどんな音楽が生まれるのかを見てみたい好奇心が、きっと本という形に対してもあったのだろう。あえて僕はそこに飛び込んだ。誰になんと言われようと音楽への向き合い方は、僕から見ればすべて当たり前のことばかりだ。自己を啓発も改革もできない、ただの僕の脳の日常。

この本を書き終えた頃には1年半以上の月日が経っていたが、本に向き合うことがなければもちろんここにいるはずもない。誰かに見せたい景色にファインダーを向けるあの数秒間のように、そこにフォーカスを合わせてシャッターを切らなければその写真はどこにも存在しない。今日楽器をたまたま触らなければ、このメロディーは生まれなかったなという日もある。通り過ぎていく時間の中で、小さなきっかけを自分のものにできるかどうか。ここに本が誕生したこと自体がとても嬉しい。

脳もときどき嘘をつく。言葉にする。文章にする。自分が書いた文を読みながら、本当はそうじゃなかったかもしれないなと思うことの連続だ。一瞬の閃きが作り出す奇跡の集合体を、まだ説明するには早いのかもしれない。出来上がった輪郭をなぞるように分かったふりをして。

騙されるのも悪くないですね。僕の脳内と時間を共にしてくれてありがとうございます。

凛として時雨／ＴＫ（Toru Kitajima）

Staff List

装丁	川名潤
写真	岡田貴之
衣装	suzuki takayuki
ヘアメイク	伏屋陽子（ESPER）
校正	鷗来堂
DTP	尾関由希子
取材協力	小田島瑠美子
編集	伊藤甲介（KADOKAWA）

Tornado Thanks
凛として時雨
Moving On

TK
1982年生まれ、東京都出身。ロックバンド、凛として時雨のボーカル&ギター。同バンドにおける全作品の作詞作曲を担当し、鋭く独創的な視点で音楽を表現。加えて、色彩豊かで温度感のある歌詞と刹那的なハイトーンボイスでファンを魅了する。TK from 凛として時雨のソロ名義でも活動するほか、多くの著名アーティストのプロデュースも手掛ける。海外にも多くのファンを持ち、2021年にはアニメ『東京喰種トーキョーグール』の主題歌「unravel」が“Spotifyにてもっとも海外で再生された日本アーティスト楽曲”となる。

ゆれる

2023年6月21日　初版発行

著者／TK《ティーケー》

発行者／山下 直久

発行／株式会社KADOKAWA
〒102-8177　東京都千代田区富士見2-13-3
電話　0570-002-301(ナビダイヤル)

印刷所／凸版印刷株式会社

製本所／凸版印刷株式会社

●お問い合わせ
https://www.kadokawa.co.jp/（「お問い合わせ」へお進みください）
※内容によっては、お答えできない場合があります。
※サポートは日本国内のみとさせていただきます。
※Japanese text only

定価はカバーに表示してあります。

ISBN 978-4-04-605692-4　C0095
JASRAC 出 2303108-301
NexTone PB000053798号